臺灣歷史與文化 研究輯刊

二　編

第 14 冊

當代臺灣文學的家族書寫
——以認同為中心的探討（上）

黃　宗　潔　著

花木蘭文化出版社

國家圖書館出版品預行編目資料

當代臺灣文學的家族書寫——以認同為中心的探討（上）／
黃宗潔 著－－初版－－新北市：花木蘭文化出版社，2013〔民
102〕
目 4+160 面；19×26 公分
（臺灣歷史與文化研究輯刊 二編；第 14 冊）
ISBN：978-986-322-238-5（精裝）
1.臺灣文學 2.文學評論
733.08   102002851

ISBN-978-986-322-238-5

9 789863 222385

臺灣歷史與文化研究輯刊
二 編 第十四冊   ISBN：978-986-322-238-5

當代臺灣文學的家族書寫——以認同爲中心的探討（上）

作 者 黃宗潔
總 編 輯 杜潔祥
出 版 花木蘭文化出版社
發 行 所 花木蘭文化出版社
發 行 人 高小娟
聯 絡 地 址 235 新北市中和區中安街七二號十三樓
              電話：02-2923-1455／傳眞：02-2923-1452
網 址 http://www.huamulan.tw 信箱 sut81518@gmail.com
印 刷 普羅文化出版廣告事業
初 版 2013 年 3 月
定 價 二編 28 冊（精裝）新臺幣 56,000 元

當代臺灣文學的家族書寫
──以認同爲中心的探討(上)

黃宗潔　著

作者簡介

黃宗潔，國立臺灣師範大學國文學系博士。現任國立東華大學華文文學系副教授。著有《生命倫理的建構——以臺灣當代文學為例》（文津出版社）、《當代臺灣文學的家族書寫——以認同為中心的探討》（博士論文）、《臺灣鯨豚寫作研究》（碩士論文）等。研究領域為臺灣現當代文學，包括家族書寫、動物書寫、飲食文學、女性文學等

提　　要

　　本論文以「認同」為中心探討當代臺灣文學中家族書寫，並以自我、家族、國族等三個層次理解文本所呈現的認同面向。文本的選擇以郝譽翔《逆旅》、駱以軍《月球姓氏》、鍾文音《昨日重現》、張大春《聆聽父親》與陳玉慧《海神家族》五部作品為主。在篇章架構上共分為六章，各章內容如下：

　　第一章交代論文架構，並略述歷來研究成果與臺灣家族書寫的發展脈絡。

　　第二章討論「自我」的認同，此章分別從姓名、身體、早期記憶等方向，探討書寫者如何在成長過程中建立自我概念的過程。

　　第三章討論「家族」的認同，分為父系、母系、生活空間等。書寫者的認同傾向，可從取材角度的不同看起。此外，亦不容忽視家屋對家庭生活空間的影響。

　　第四章論述「國族」的認同，分為歷史、族群與政治、文化等。臺灣容納各族群的歷史記憶，個人家族史的追溯，也反映出島嶼複雜的身世，或能以異於歷史、政治等思維，窺其幽微之處。

　　第五章為綜合討論，以省籍與出生地，觀察作者選擇父系或母系書寫與認同之間的關係；並針對此二元的分類法下，較易被忽略處加以補遺；最後探討作品之形式藝術，分析家族書寫的多樣性。

　　第六章結論除歸納本文之研究成果外，並探討臺灣家族書寫與研究之展望。

　　附錄部份，收錄筆者於 2004 至 2005 年間，訪問郝、駱、陳、鍾四位作家之訪談紀錄，從訪談內容可更深入地了解其創作理念，亦可供文本分析或相關研究參考。

第一章　緒　論

第一節　研究動機

　　「家」是社會的基本單位，是每個人出生成長之處，家庭經驗對每個人來說都具有形塑人格、建構自我概念的重要意義。但是，家庭也是一個「充滿矛盾與弔詭的地方」〔註1〕，看似單純的家庭結構中，其實可能被性別、權力、婚姻、宗教、族群、政治、社經背景等複雜的因素所穿透，它們的交互作用不只影響了人們的生活、情感、價值觀，有時也可能因此成為困境、傷害與羈絆。正因為家庭是個人生命的根源，是最為切身的議題，具有無法斬斷的重要意義，因此一直以來，許多文學作品訴說的都是「家」的故事。在這些作品當中，有些是藉著家族興衰或人物間的恩怨情仇來營造故事性與戲劇張力；有些則以虛實夾雜的筆法訴說家族故事，透過書寫回顧自身的家庭經驗與家族歷史，並探問自我之根源與命運。後者由於從個人經驗出發，情感格外真實，讀者亦往往得以於他人的故事中照見自己，看到每個家庭所經歷的愛與苦，從而產生感動與共鳴，因此這類虛實相間的家族書寫作品，正是本論文想要著力探討的對象。

　　若以台灣文學中的家族書寫作品為觀察範圍，將會發現雖然以家族故事為寫作題材，一直是文學創作的小支流，而非近幾年才出現的特殊產物，但無可否認的是，家族書寫之所以在解嚴以來較廣泛地受到注意與發展，與近

〔註1〕　見約翰・布雷蕭（John Bradshaw）〈探索家庭的秘密〉，收錄於約翰・布雷蕭（John Bradshaw）著，鄭玉英、趙家玉譯《家庭秘密：重返家園的新契機》（台北：張老師文化有限公司，1997年9月初版），頁8。

年來政治社會局勢的變遷仍有一定的關係。「1980 年代中期以後，隨著台灣政治民主化與本土化的轉型，過去潛藏在檯面下的省籍矛盾、情結或衝突，逐漸浮現到公共領域的討論中。」〔註2〕族群、認同等議題不只反映在政治社會等層面，也同樣可從文學作品中看出。邱貴芬（1957～）在觀察當代台灣女性小說的發展時就曾指出：「族群意識成爲解嚴後台灣政治、文化界的一個重要議題。而也就是在解嚴後的那幾年，我們看到了書寫族群記憶姿態極其鮮明的女性小說」〔註3〕，特定族群的文學選本紛紛出現，書寫自身族群記憶的文本也應運而生。雖然屬於特定族群身分的記憶與認同，並不盡然是家族書寫的主要關懷所在，但從另一個角度來看，台灣這塊島嶼，既容納了各種族群的歷史記憶，個人家族史的追溯，就一定程度地反映出這個島嶼複雜的身世故事。在省籍矛盾似乎仍舊影響了多數人民思維的台灣，筆者選擇了同一時空下不同族群身分作家的家族書寫作品，毋寧也是希望藉此能呈現出更多元的視角與思考空間。

但是，族群意識與國族認同，其實只是認同中的一部分，若要進一步理解個體形成認同的原因，就必須追溯個體建立自我認同的過程。而作家在書寫身世與家族記憶時，或多或少會觸及認同的各個層面 —— 家族書寫既然是從「我是誰？」這樣的詰問出發，回溯個人身世與家族歷史的作品，就必然會牽涉到有關自我主體的認同、家族的認同與國族、歷史、文化的認同之思索。這些議題常以不同的形式出現於文本中，由這個角度來看，將家族書寫與認同問題並置，或能以不同於歷史、政治等領域的思維方式，窺見歷史、記憶與認同的幽微之處。因此筆者在討論時，主要針對與認同相關之議題切入，希望此種以認同爲中心的論述方式，能使關注焦點更爲集中與深入。

本文主要以五位作家：郝譽翔（1969～）、駱以軍（1967～）、鍾文音（1966～）、張大春（1957～）及陳玉慧（1957～）的作品爲討論核心，除了因爲這幾位作家均在家族書寫此一領域創作了相當具有代表性的著作（依序爲《逆旅》〔註4〕、《月球姓氏》〔註5〕、《昨日重現》〔註6〕、《聆聽父親》〔註7〕、《海

〔註2〕 見王甫昌〈風和日暖 —— 外省人與國家認同轉變〉，收錄於高格孚著《風和日暖》（台北：允晨文化有限公司，2004 年 1 月初版），頁 7。
〔註3〕 見邱貴芬《仲介台灣・女人：後殖民女性觀點的台灣閱讀》（台北：元尊文化有限公司，1997 年 9 月初版），頁 51。
〔註4〕 郝譽翔《逆旅》（台北：聯合文學出版社，2000 年 3 月初版）。
〔註5〕 駱以軍《月球姓氏》（台北：聯合文學出版社，2000 年 11 月初版）。

神家族》〔註 8〕），且這幾部作品在認同問題的思考上，不論質量都有一定的代表性，頗能呈現出認同問題涉及的各種複雜面向。除此之外，五部作品的完成時間均介於 2000～2004 年間，作者亦可說生長於同一世代，進行比較時相信更能凸顯同一時空下不同主體的不同視角。

　　另一方面，雖然家族書寫近年來頗受關注，但到目前為止，似乎仍未有以家族書寫為主題的專論。而本論文主要討論的五位作家中，除張大春與陳玉慧之外，其他三位都是九○年代以後崛起的新生代作家，因此相關的討論也較少。至於對認同問題的關注與討論，相形之下雖已有相當的成果，不過相關論述中，仍未見到以家族書寫中的認同問題為中心的探討，因此筆者認為此一領域應仍有值得研究論述的空間，希望藉由本文的探討，收拋磚引玉之效，讓家族書寫與認同等領域的研究能更為全面與充分。

第二節　名詞釋義

一、家族書寫

　　本論文既然以台灣文學中的「家族書寫」為研究主題，自然要先釐清「家族書寫」此一名詞之概念。廣義來說，凡是以「家族」為書寫對象的文本，似乎都可稱之為家族書寫。但做為研究論文的題材若從如此廣泛的角度切入，不僅不夠明確，所牽涉的文本數量之多、範圍之廣，恐怕也不是筆者所能囊括的。那麼「家族書寫」有無較為嚴謹明確的定義？目前似乎還是眾說紛紜。舉例來說，立緒文化的「百年文選」系列出版了一套分為父親、母親兩冊的「家族書寫」文選集〔註9〕，此套書將書寫父母的散篇均視為家族書寫，且包含傳記與散文等不同文類，可見是以較為廣義之角度來界定的；另外有些書籍雖會於出版時註明是「家族史」或「家族小說」，但相關之書評多半針對作品本身加以論述，而非為文類界義；在文學評論方面，胡衍南曾發表〈「外省第二代」作家的父親（家族）書寫〉〔註 10〕一文，但其中並未涉及「家族

〔註 6〕　鍾文音《昨日重現》（台北：大田出版公司，2001 年 2 月初版）。
〔註 7〕　張大春《聆聽父親》（台北：時報文化出版公司，2003 年 7 月初版）。
〔註 8〕　陳玉慧《海神家族》（台北：印刻出版公司，2004 年 10 月初版）。
〔註 9〕　立緒文化編《我的父親母親》（台北：立緒文化有限公司，2004 年 1 月初版）。
〔註 10〕　胡衍南〈「外省第二代」作家的父親（家族）書寫〉，收錄於《兩岸現代文學發展與思潮學術研討會論文集》。台北：佛光人文社會學院文學系編，2004

書寫」之界義問題，而是以觀察幾位作家如何書寫父親與家族為主。另一方面，由於家族書寫與自傳、私小說、大河小說、成長小說與尋根文學等文類又有若干相近甚至重疊之處，造成在界義與文類區隔上更為困難。但誠如吳明益（1971～）所言：

> 任何一種文類或次文類在「命名」範疇下的定義都可能是動態的、跨界的。在不同的時代、環境與新文本的出現下，文類定義可能吸納進原本在定義邊緣的文本，也可能使得部分文本被放逐於疆界外。但在進行論文的書寫或文類的討論時，卻不宜以被研究對象本身的多樣性與不確定而放棄定義，否則亦將失去論述的邊界。〔註11〕

因此筆者仍試圖對本論文所要討論的「家族書寫」下一個解釋性的界義。但在此之前，筆者將先針對與家族書寫性質相近的範疇略作說明與界義，以及它們與家族書寫之交集或區隔之處，期能將家族書寫之範圍做較清楚的釐清。

（一）幾個相近的範疇

1. 自傳文學

「自傳」（autobiographie）就其外文字源來說，是由「auto」（自身）、「bio」（生活）、「graphie」（書寫）這三個拉丁詞根所組成，亦即「一個人寫自己的一生」之意。法國思想家盧梭（Jean-Jacques Rousseau, 1712～1778）的《懺悔錄》（Les Confessions）則被視為自傳文學之始。但是，對於「自傳文學」的認定，仍是相當分歧的。有人視作家的全部作品為自傳；有人認為作者是其全部作品的主體；有的是指作者以親身經歷為素材，透過藝術處理呈現；有的則認為是作者寫他自己的故事。〔註12〕而不同國家與文化脈絡下的「自傳文學」又可能有其差異與特殊性，難以一概而論。〔註13〕

年10月，頁135～163。

〔註11〕見吳明益《以書寫解放自然──臺灣現代自然書寫的探索》（台北：大安出版社，2004年11月初版），頁9。

〔註12〕以上係整理並引用自吳錫德〈話說自傳小說〉，《世界文學第3期：小說裡的「我」》（台北：麥田出版，城邦文化有限公司發行，2002年5月初版），頁5～6。

〔註13〕例如黃翠娥就曾比較日本自傳文學與中國自傳文學的差異，指出中國的自傳文學多半強調自己與他人的不同，揭示人生態度，且常在書寫私人生活之餘不忘對歷史作有系統的陳述；日本的自傳作品則較著重自我的省察或家族的糾葛，較少觸及有關時代變動的書寫。參見黃翠娥〈日本自傳文學中的「我」──以近現代文學為中心〉，《世界文學第3期：小說裡的「我」》（台北：麥田出版，城邦文化有限公司發行，2002年5月初版），頁67～69。

　　總括來說，傳統「自傳文學」的定義，較傾向於將「以第一人稱寫下的傳記，其中撰寫者以根據事實（pragmatisch）的生活故事作爲內容主導」〔註 14〕之作品視爲自傳，但在文學發展的趨勢中，這樣的定義已不能涵蓋多元書寫的各種可能面貌，加上自傳雖然強調「眞實性」，但是事實上不可能有所謂「百分之百」眞實的書寫，自傳文學也不例外，因此所有自傳都如歌德（Johann Wolfgang von Goethe, 1749～1832）在他的傳記中所言，包含了「詩與眞實」兩個成分，也就是眞實與虛構：因此「自傳包括了兩個層面，一方面是個人的認同過程，另一方面是如何呈現給讀者。」〔註 15〕在這樣的概念下，自傳文學又可區分爲「自傳」（autobiographie）、「自傳體小說」（roman biographique）及「自傳虛構小說」（autofiction）等類別，前者較接近傳統自傳文學之界義，儘可能強調眞實性，後兩者則經過更多的藝術化處理，接納更多的虛構成分。〔註 16〕

2. 私小說

　　「私小說」是由日本大正時期開始所產生的一種文學類型，此一名詞的出現約在 1921 到 1922 年之間，當時如加藤武雄（1888～1956）提出〈所謂「私小說」〉一文，約可視爲「私小說」一詞之開端。此種自 20 年代以來在日本文壇蓬勃發展的文類，歷來一直有不少爭議，包括源起於何種文學流派、文學屬性爲何等等，不同的學者見解不一，未有定論。綜合各家之言約可歸納如下：基本上私小說乃是以剖析自己內在眞實情感爲主的作品，就其內容特性又可大略分爲「破滅型」、「調和型」與「中間型」三種。所謂「破滅型」是指「赤裸裸地描寫被自我欲望所驅使的姿態，不惜使自我破滅的私小說」；〔註 17〕「調和型」是指「設法克服生活的危機，以便達到某種解救

〔註 14〕見陳淑純〈霍夫曼另類自我表達──典範的「貓」格與分裂的「人」格〉，《世界文學第 3 期：小說裡的「我」》（台北：麥田出版，城邦文化有限公司發行，2002 年 5 月初版），頁 87。

〔註 15〕見張守慧〈德國猶太文學中的「自傳」傳統──以麥蒙「一生的故事」爲例〉，《世界文學第 3 期：小說裡的「我」》（台北：麥田出版，城邦文化有限公司發行，2002 年 5 月初版），頁 72。

〔註 16〕參見吳錫德〈話說自傳小說〉，《世界文學第 3 期：小說裡的「我」》（台北：麥田出版，城邦文化有限公司發行，2002 年 5 月初版），頁 5～6。另外 autofiction 亦有譯爲「類自傳體小說」者，見阮若缺〈福樓拜，自傳體作者？〉，《中外文學》第 33 卷第 12 期，2005 年 2 月，頁 45～57。

〔註 17〕見何乃英《日本當代文學研究》（北京：北京師範大學出版社，1997 年 6 月初版），頁 144。以上有關私小說之源起亦參考並整理自本書，頁 137～144。

或者調和的私小說。」〔註18〕此種類型亦有論者稱為「心境小說」，例如久米正雄在《私小說與心境小說》中指出私小說是「孤立地描寫個人身邊瑣事和心理活動，特別是坦白自己的矛盾和醜惡，把自我直接了當地暴露出來」，「真正意義的私小說，同時又必須是心境小說」，「加上作者的心境，私小說與自白、懺悔就可劃一。」〔註19〕至於「中間型」顧名思義則是指介於破滅型和調和型之間，既非破滅、亦非調和；或者時而破滅、時而調和的私小說作品。〔註20〕目前一般所稱的私小說，多半定義較為寬鬆，只要「以自己為主角，描寫親身經驗的事實或自我的告白，即為『私小說』。」〔註21〕但值得注意的是，私小說和「第一人稱小說」與「自傳體小說」仍是不同的概念，不宜混為一談。〔註22〕

3. 大河小說、家族史小說

「大河小說」一詞的來源，根據楊照的說法，應源自法文的 roman-fleuve。roman 指小說，fleuve 則是向大海奔流的河。但最初法文的 roman-fleuve 只是形容滔滔不絕的故事，不是指涉任何特定文類，直到十九世紀後，才被用來對映指稱英文的 saga novel 或德文的 sagaroman，因此大河小說在性質上是較接近 saga novel 的。saga novel 的主要特色，包括濃厚的歷史意味、以一人或一個家族的經歷來鋪陳過去的社會風貌、用較多篇幅處理當時的社會生活之細節，以及必然是敘事綿綿不絕的長篇小說。〔註23〕此外，又有所謂的 family saga（家族史小說），是藉由至少三、四代或百年的家族故事，以家族倫理為

〔註18〕見何乃英《日本當代文學研究》（北京：北京師範大學出版社，1997 年 6 月初版），頁 144。

〔註19〕見葉渭渠、唐月梅《日本文學史‧近代卷》（北京：經濟日報出版社，2000 年 1 月初版），頁 251。但事實上，「私小說」與「心境小說」是否屬於同一種文類仍有不同的看法，如根據《廣辭苑》的解釋，兩者同為作者敘述自己生活體驗，並披露心境的作品。但如平野謙等人則認為「私小說」是破滅型、「心境小說」是調和型。參見黃翠娥〈日本自傳文學中的「我」——以近現代文學為中心〉，《世界文學第 3 期：小說裡的「我」》（台北：麥田出版，城邦文化有限公司發行，2002 年 5 月初版），頁 51。

〔註20〕同註18，頁 148。

〔註21〕見林水福〈我看「私の杜麗珍」〉，《自由時報‧自由副刊》，2001 年 10 月 8 日。

〔註22〕同註18，頁 137。

〔註23〕參見楊照〈歷史大河中的悲情——論臺灣的「大河小說」〉，收錄於邵玉銘、張寶琴、瘂弦編《四十年來中國文學》（台北：聯合文學出版社，1995 年 6 月初版），頁 177～178。

框架，以一姓爲主體（例如姓金，姓高，姓賈）的大家庭生活方式的敘述。小說內容著重日常生活細節之描述，並藉由家族興衰聚散來反映整個社會的變遷史。〔註24〕從其文類特色來看，基本上仍可歸於 saga novel 的範圍。至於大河小說的定義，目前似乎亦未有定論，陳芳明（1947～）曾歸納其特徵如下：一、具備濃厚的歷史意識，作品中的時間橫跨不同歷史階段。二、包括家族史的興亡，也牽涉國族史的盛衰。三、對歷史背景與社會現實具有同情與批判。〔註25〕由此看來「大河小說」的確十分近似 saga novel。此外，由於大河小說偏重對歷史的關注，因此亦有論者在定義時偏重著眼於其歷史性，如王淑雯在其論文《大河小說與族群認同：以《臺灣人三部曲》、《寒夜三部曲》、《浪淘沙》爲焦點的分析》中，就將台灣的大河小說定義爲「以台灣爲敘述主體的長篇歷史小說。」〔註26〕

4. 成長小說

　　一般在論述現代「成長小說」或「啓蒙小說」時，多半會追溯到兩個時間點，一爲十八世紀康德在〈何謂啓蒙〉中揭示的關於啓蒙之觀點，是指「走出無他人之教養監護便無法使用一己之思索能力的未成年狀態。當然，同時也必須具備使用這種自我思維能力的自由」；另一則是十九世紀歌德的小說《威廉·邁斯特的學習年代》，創造了德文中所說 Bildungsroman 的小說類型，主要呈現少年人格的成長、世界觀的定型，屬於狹義的「成長小說」——蘊含發展的、向上的、正面的意義。〔註27〕

　　但是，如同楊照（1963～）所指出的：剛開始的 Bildungsroman 雖然具有強烈的理想性和企圖心，希望藉由小說來建構一套理想的教育原則，小說裡的主角則是理想原則的典範。但是，當「啓蒙時代」與「法國大革命」都過去了，世界卻依然擾攘不安，這股信心亦因此慢慢瓦解，Bildungsroman 從而出現幾種支流：其一是保留成長過程中，對舊有規範的反叛不安，但卻少了

〔註24〕有關家族史小說的定義，係整理並引用自顏擇雅〈台灣女性的家族史觀〉，《民生報·A10 版》，2005 年 1 月 23 日；以及徐德明〈金粉世家與家族小説〉，http://www.cctv.com/program/bjjt/20041008/101521.shtml，2005。

〔註25〕參見陳芳明〈戰後台灣大河小説的起源——以吳濁流的自傳性作品爲中心〉，《台灣現代小説史綜論》（台北：聯經出版公司，1998 年 12 月初版），頁 85。

〔註26〕見王淑雯《大河小説與族群認同：以《臺灣人三部曲》、《寒夜三部曲》、《浪淘沙》爲焦點的分析》（台北：台灣大學社會學研究所碩士論文，1993），頁 7。

〔註27〕以上係整理並引用自楊佳嫻〈臺灣成長小説選·序論〉，收錄於楊佳嫻編《臺灣成長小説選》（台北：二魚文化出版公司，2004 年 11 月初版），頁 7～8。

「成長」的結果，因此小說只表達了少年的困惑、憤怒、迷惘與沮喪，但卻提不出一個超越這一切，「完成成長」的答案；其二是將 Bildungsroman 的範圍縮小，只擷取少年成長中若干特殊事件，讓他突然領會到成人世界的一些神聖或污穢，或因之無法明說之事物；其三則是將啓蒙的經驗加以範限，只專注於挖掘藝術家的少年經歷，以藝術家特殊的早熟來閱讀僵化庸俗的成人世界。〔註 28〕但無論是正面積極的意義，抑或反映少年的掙扎與困境，其實都可說是一種成長的經驗與意義，因此廣義來說，凡以「少年啓蒙過程爲書寫主題」〔註 29〕，「關於有『成長意義』的成長經驗之描述」〔註 30〕，皆可視爲廣義成長小說之屬。〔註 31〕

5. 尋根文學

「文化尋根」文學的興起，大約在八○年代的中國大陸，當時王蒙（1934～）發表了一組《在伊犁》系列小說，對新疆各族與伊斯蘭文化表達關注，爲此派小說之先河，其後陸續有作家投入此一領域之創作。〔註 32〕基本上，尋根小說可說是「農業社會步向工業社會的一種文化回流現象，裡面具有反工業文明、反西方文化等各類複雜的因素」〔註 33〕，此種文化尋根意識至少反映出三方面的意義：（1）在文學美學意義上對民族文化資料的重新認識與闡揚；（2）以現代人的感受領略古代文化遺風；（3）對當代社會中所存在的舊文化因素之挖掘與批判。〔註 34〕在創作上之特色除了多半以「注意各地的民俗，描寫各地的鄉土小人物，以及他們淳樸敦厚的性格」〔註 35〕爲主，並表現出對生命起源或自然的探尋意向之外〔註 36〕，在表現手法上亦多展現敘

〔註 28〕 以上係整理並引用自楊照〈啓蒙的驚怵與傷痕 —— 當代台灣成長小說的悲劇傾向〉，收錄於氏著《夢與灰燼 —— 戰後文學史散論二集》（台北：聯合文學出版社，1998 年 4 月初版），頁 200～202。

〔註 29〕 見楊佳嫻〈臺灣成長小說選‧序論〉，收錄於楊佳嫻編《臺灣成長小說選》（台北：二魚文化出版公司，2004 年 11 月初版），頁 7。

〔註 30〕 見廖咸浩〈有情與無情之間 —— 中西成長小說的流變〉，《幼獅文藝》第 511 期，1996 年 7 月出版，頁 81。

〔註 31〕 有關成長小說之界義，亦可參考石曉楓《八、九○年代兩岸小說中的少年家變》（台北：台師大國文系博士論文，2003 年 6 月），頁 5～6。

〔註 32〕 參見陳思和《秋裡拾葉錄》（山東：山東友誼出版社，2005 年 4 月初版），頁 93。

〔註 33〕 見呂正惠〈海峽兩岸小說之比較 —— 一個主觀印象的觀察〉，收錄於氏著《戰後台灣文學經驗》（台北：新地文學出版社，1995 年 7 月初版），頁 202。

〔註 34〕 同註 32，頁 94～95。

〔註 35〕 同註 33，頁 202。

〔註 36〕 同註 32，頁 96。

事結構與敘述語言的創新。如莫言的〈紅高粱〉〔註37〕雖以第一人稱的「我」來敘述，但所敘述的事件主要來自查訪家族史的所得，透過夾雜第三人稱、想像並打散事件的順序、將過去與現在重新剪輯等方式，達成如電影剪接般的效果，就是尋根小說打破敘事傳統之例。〔註38〕

（二）家族書寫與各領域之交集

由上述對自傳、私小說、大河小說、家族史小說、成長小說與尋根文學之界義，可發現它們在性質上與家族書寫多少都有重疊或近似之處。主要又可從三個概念來觀察這些文類的同異之處：「尋根」、「家庭」、「眞實性」。

1. 尋　根

所謂尋根，意即尋找自我之根源。尋根文學與家族書寫兩者其實都是由「我是誰？」「我從哪裡來？」這樣的詰問出發所產生的創作〔註39〕，而大河小說所關切的則是由小我的歷史出發，探尋民族歷史之根源，皆具有「尋根」之意義。但差別在於大河小說著重「歷史」尋根；尋根文學著眼於「文化」尋根，亦即以鄉土、原鄉之書寫與關懷爲主，兩者皆非以書寫一人一家之歷史爲主要目的；家族書寫則以「我」之家庭與家族出發，因此不論出發點或創作目的均有所差異。

2. 家　庭

顧名思義，「家庭」這個元素，在家族書寫中自然佔有舉足輕重的地位，但它與自傳、私小說、大河小說、家族史小說、成長小說也或多或少相關。自傳與私小說既以描寫作者之經歷或心境爲主，而家庭對每個人來說又往往是生活經歷裡的重要部分，因此在寫作時不見得會排除（甚至可說很難完全避開）有關家庭或家庭成員的部分；成長小說的情況亦然，因此不少成長小

〔註37〕莫言〈紅高粱〉一文收錄於氏著《紅高粱家族》一書（台北：洪範書店，1990年3月初版），頁1～104。

〔註38〕有關尋根文學之表現手法與〈紅高粱〉一文之分析，係整理並引用自宋如珊《從傷痕文學到尋根文學》（台北：秀威資訊有限公司，2001年1月初版，2003年4月二版），頁271～275。另外李慶西在〈尋根：八十年代的反文化回歸〉一文中，亦對尋根文學的發展與美學意味有詳細的析論，其文收錄於邵玉銘、張寶琴、瘂弦編《四十年來中國文學》（台北：聯合文學出版社，1995年6月初版），頁324～340。

〔註39〕陳思和曾謂，文化尋根必然經過這樣的反思與提問：我們是誰，我們從哪裡來，到哪裡去？參見陳思和《秋裡拾葉錄》（山東：山東友誼出版社，2005年4月初版），頁94。

說甚至以「少年『家變』」爲創作旨趣所在；至於大河小說、家族史小說是以家族歷史來反映社會變遷，「家族」自然是小說中不可或缺的關鍵。由此我們可以發現，「家庭」或許是「家族書寫」的必要條件，卻不見得是充分條件，因爲「家庭」對許多文類來說，都可能是作品內容的一部分。

3. 真實性

家族書寫由於多半牽涉到個人或家族之經歷，因此作品在真實與虛構之間的位置往往比起其他文學作品更易引人關注，但如同筆者在前述介紹「自傳」此一文類時所強調的，即使被視爲以「真實經驗」出發的自傳作品，在經過文學與藝術的轉化之後也必然包含虛構的成分，換句話說，任何創作其實都蘊含了「詩與真實」這兩個部分。儘管如此，作品中的「真實程度」仍可作爲區分文類時的考量，因此有必要略作說明。如果我們將真實與虛構視爲光譜的兩端，自傳與私小說無疑會被認爲應該較接近「真實」這端，而大河小說、家族史小說、成長小說與尋根文學則較不受限制，可以「純屬虛構」，也可能夾雜大量的真實經驗。當然，這其中並沒有一個絕對的區隔方式，而是蘊含著複雜的關於「真實」與「虛構」之辯證，猶如鍾文音時常強調的：「小說未必虛，散文未必實。」〔註40〕虛實之間的界線其實如此模糊，有些觀點認爲「人類對自身瞬息萬變，潛藏蟄伏的心理動機的挖掘，永遠隔膜著一層不能穿透的主觀性。因此自傳、回憶錄的所謂『真實性』，不過是受文學習規制約的一個自欺欺人的迷思。」〔註41〕有些則指出：「作品裡的『他』往往也就是作家想像中的『自己』，或顯像、或隱晦，但終究還是他自己。」〔註42〕前者點出了真實裡的虛構，後者則凸顯出虛構背後所隱含的真實性。

由此我們可以發現，事實上並沒有所謂「百分之百真實」的文本 ── 即使強調「紀實」爲主的傳記或歷史作品，也會受到記憶的失誤、作者有意的美化或迴避某些事實⋯⋯等各種複雜因素之影響，故此處所謂的「真實性」並非絕對的概念，更不是意指筆者只挑選文本內的「真實素材」進行論述，這不僅在技術上不可能達成，實際上亦無必要。因爲本文論述的目的並非「考察」作者之人生經歷與家族歷史，而是藉由這些作品中所呈現的內容，觀察

〔註40〕見鍾文音《昨日重現》（台北：大田出版公司，2001 年 3 月初版），頁 290。
〔註41〕見張誦聖〈從《家變》的形式設計談起〉，收錄於氏著《文學場域的變遷》（台北：聯合文學出版社，2001 年 6 月初版），頁 164。
〔註42〕見吳錫德〈話說自傳小說〉，《世界文學第 3 期：小說裡的「我」》（台北：麥田出版，城邦文化有限公司發行，2002 年 5 月初版），頁 5。

家庭經驗、家族歷史與認同之間的關係 —— 儘管這些家族記憶是虛實相間的，它仍可能以某種隱晦幽微的方式，訴說著家對認同所造成的影響。

（三）家族書寫：一個解釋性的界義

綜合以上對相關範疇概念之界定，筆者試圖將本論文所論述之家族書寫內涵，下一個解釋性的界義：「以自身及原生家庭的故事為起點，夾雜真實與虛構的筆法，透過小說或散文的形式書寫家族故事，並涉及對自身、家庭乃至國族等認同問題之思考的文學作品」。在此界義下所包含的元素及原因試述如下：

特別強調「自身」的家族故事，是因為在真實與虛構的光譜中，筆者選擇了較接近「真實」的一端來做為選擇主要論述文本之依據，也就是說，討論的文本是以作者之真實背景及經驗出發的文學作品，但是那些完全強調真實記錄的自傳或回憶錄，或是以某家族在時間長河下的興衰起伏、悲歡離合為題材的小說作品 —— 如若干大河小說、家族史小說，均不在本論文所處理的範圍之內。除了以自身與家庭為起點之外，作者所書寫的還必須是「家族」的故事，亦即涵蓋三、四代或較長時間的家族歷史，因此以書寫單一家人為主的作品，例如只以父親或母親為對象的懷舊、回憶之作，均不在此討論。

另外，之所以強調小說或散文的形式，是因為前述「自傳小說」、「大河小說」、「家族史小說」等用語，是將範圍限定在「小說」的形式，雖然這也是大多數長篇家族書寫所選擇的文體，但仍不能排除以散文創作的可能，例如鍾文音的《昨日重現》即為一例。然而必須說明的是，雖然不少作者偶一為之的短篇抒情佳作，亦可能涉及家族書寫之範疇，但本論文中將暫不討論這些單篇作品，至於史學或社會學等領域中的家族書寫，亦不在本文論述之範圍。

綜上所述，筆者所擇取的家族書寫文本，毋寧是較接近「自傳文學」中以真實經驗出發，但接納較多藝術處理與虛構成分的那些作品，但範圍必須擴大到以「家族」而非個人回憶為對象。自傳文學可說是「最容易呈現個人的語言、認同感及心路歷程的文學表達方式之一。」〔註43〕而家族書寫作品儘管經過了文學的轉化與虛構，多少仍會涉及關於自身、家族乃至國族等認

〔註43〕 見張守慧〈德國猶太文學中的「自傳」傳統 —— 以麥蒙「一生的故事」為例〉，《世界文學第 3 期：小說裡的「我」》（台北：麥田出版，城邦文化有限公司發行，2002 年 5 月初版），頁 71。

同問題之思考，這也正是本論文欲集中討論的焦點所在。

二、認　同

　　相較於仍未有清楚界義的家族書寫一詞，認同（identity）則是一個已被廣泛使用，表面上看來似乎不必多做說明的詞彙。然而若進一步探究歷來關於認同的相關論述，就會發現認同一詞的含義，其實也有許多不同的說法。單是譯名就有認同、身分、屬性、正身、認定等數種。〔註 44〕基本上，所謂認同是指個人從自我概念的建立出發，進一步衍生爲個體與他者歸屬關係之認定。由這個角度來看，認同又可分爲個人的認同與社會的認同兩個層次。

　　所謂「個人的認同」意即自我的建構，也就是泰勒（Charles Taylor 1931～）所言：「一個人對於他是誰，以及他做爲人的本質特徵（fundamental defining characteristics）的理解。」〔註45〕這種理解事實上乃是一種「反思性的理解」〔註 46〕，是個人依據自身經歷所形成的理解，由於個人的經歷必然與他者（others）息息相關，因此換句話說，自我其實就是一種互動的歷程。〔註47〕在與他者互動的過程中，個體亦將覺知自我與他者的異同，並由他者的承認（recognition）、承認的缺席（absence）與誤認（misrecognition）〔註 48〕，理

〔註44〕 「身分」、「屬性」、「正身」等用法參見孟樊《後現代的認同政治》（台北：揚智文化有限公司，2001 年 6 月初版），頁 16；另外心理學界也有將 identity 譯爲「認定」者，如 Michele L. Crossley 著，朱儀羚、吳芝儀等譯《敘事心理與研究》（嘉義：濤石文化有限公司，2004 年 8 月初版）。但前三者都是「名詞」，較不能凸顯出 identity 的「動詞」意涵，「認定」一詞則較少譯者採用，因此本文仍採學界普遍通用的「認同」一詞。

〔註45〕 原文爲："a person 's understanding of who they are, of their fundamental defining characteristics as ahuman being"見 Taylor, Charles. "The Politics of Recognition". *Multiculturalism : Examining the Politics of Recognition*. Ed. Amy Gutman. Princeton: Princeton University Press, 1994, 25.本段譯文係引自孟樊《後現代的認同政治》（台北：揚智文化有限公司，2001 年 6 月初版），頁 18。

〔註46〕 見安東尼・紀登斯（Anthony Giddens）著，趙旭東、方文譯《現代性與自我認同》（台北：左岸文化出版，遠足文化有限公司發行，2002 年 4 月初版），頁 49。

〔註47〕 Michele L. Crossley 著，朱儀羚、吳芝儀等譯《敘事心理與研究》（嘉義：濤石文化有限公司，2004 年 8 月初版），頁 18。

〔註48〕 如泰勒所言：「我們的認同部分地是由於他者（others）的承認（recognition）、承認的缺席（absence）與誤認（misrecognition）所形成的。」原文爲"our identity is partly shaped by recognition or its absence, often by the misrecognition of others"見 Taylor,Charles: "The Politics of Recognition". *Multiculturalism:*

解自身所處的位置，建立自身的歸屬，從而形成所謂的「社會的認同」。這種歸屬感的認定，可以是文化、族群或政治的，這也正是當前社會討論認同問題的主要著眼點所在。〔註49〕

　　除此之外，不少學者亦對認同一詞的涵義，提出不同的區隔與見解。如布拉德萊（Bradley）依個人投入身分形塑的程度，將文化認同分為以下三個層次：

1. 被動的認同（passive identities）：源自一些個人所參與的生活之關係，如階級、性別、族群等，但個人並不會為此特別採取行動，或是感受到這種被動的認同。

2. 主動的認同（active identities）：指個人可以感受得到，並為他們的行動提供基礎的認同。

3. 政治化的認同（politicized identities）：若個人為主動的認同持續採取行動，為確立其身分努力不懈，就跨入所謂政治化的認同的領域。〔註50〕

　　另外，曼威·柯司特（Manuel Castells）從個人與社會建制（institutions）之間的互動關係，將認同的形式和起源分為三種：

1. 正當性認同（legitimizing identity）：是指由社會的支配性制度（institutions）〔註51〕所引介，以拓展及合理化他們對社會行動者的支配之認同。

2. 抵抗性認同（resistance identity）：在支配邏輯下處於被貶抑或污名

Examining the Politics of Recognition. Ed. Amy Gutman. Princeton: Princeton University Press.1994, 25. 本段譯文係引自孟樊《後現代的認同政治》（台北：揚智文化有限公司，2001 年 6 月初版），頁 18。

〔註49〕 Turner 對認同的見解與此類似，他認為「每個人都有一套『我是誰』的認知結構；它包含『個我認同』（personal identity）與『社會認同』（social identity）兩個次結構。個我認同是指所有屬於個人性之認知單元的組合，如身體特徵、人格特質、能力、興趣、態度等，社會認同則包括個人所歸屬團體之組合的認知單元。」見李美枝、李怡青〈我群與他群的分化：從生物層次到人的層次〉，收入《本土心理學研究第 20 期：族群認同與群聚關係》（台北：台灣大學心理系本土心理學研究室編輯出版，桂冠圖書公司發行，2003 年 12 月初版），頁 10。

〔註50〕 以上參見孟樊《後現代的認同政治》（台北：揚智文化有限公司，2001 年 6 月初版），頁 23～24。

〔註51〕 曼威·柯司特（Manuel Castells）著，夏鑄九、黃麗玲等譯《認同的力量》（台北：唐山出版社，2002 年 11 月初版）一書中，將 institution 譯為支配性制度。

化的位置的行動者，所產生的一種抵抗性的認同。

3. 計劃性認同（project identity）：指社會行動者爲了重新界定他們的社會位置，基於他們能取得的文化材料所建立的新認同。〔註52〕

里科（Paul Ricoeur）則將認同分爲「固定認同」（idem identity）與「敘述認同」（ipse identity）兩種。前者是指「自我在某一個既定的傳統與地理環境下，被賦予認定之身分（given），進而藉由鏡映式的心理投射賦予自我定位，這種『認同』基本上是一種固定不變的身分和屬性。」後者則「必須透過主體的敘述以再現自我，並在不斷流動的建構與斡旋（mediation）過程中方能形成。『敘述認同』是隨時而移的，它不但具備多元且獨特的節奏和韻律，也經常會在文化的規範與預期形塑下，產生種種不同的形變。」〔註53〕因此在文化研究的各領域中，「敘述認同」顯然較「固定認同」更受論者的關注與探討。

由上述對認同一詞的定名、分類與界義之概述，已可看出認同問題的複雜性與多義性。但各定義之間並不是互斥的，雖然切入的重點各有不同，仍有彼此對話的可能：例如布拉德萊所謂被動的認同，便類似里科的固定認同；柯司特的計劃性認同則類似敘述認同；若將布拉德萊的政治化認同放在柯司特的框架裡來看，便可能是主體基於對正當性認同的不滿，而產生的抵抗或計劃性認同。至於家族書寫是從「自身」爲起點，進而擴及家族成員的故事，因此本文擬從個人的認同出發，進一步探討關於家族、國族的認同，論述時則視需要援引上述學者之觀點，而不只拘於一家之言。

第三節　研究範疇

一、文學裡的家族：略論家族書寫之發展脈絡

（一）從傳統到現代

提到中國傳統的家族書寫作品，大多是以前述的「家族史小說」（family saga）爲主，其中最爲經典的當屬《紅樓夢》，但若論此類家族史小說的源頭，

〔註52〕 以上參見曼威・柯司特（Manuel Castells）著，夏鑄九、黃麗玲等譯《認同的力量》（台北：唐山出版社，2002年11月初版），頁8。

〔註53〕 見廖炳惠《關鍵詞200》（台北：麥田出版，城邦文化有限公司發行，2003年9月初版），頁137。

則以《金瓶梅》爲嚆矢。《金瓶梅》是中國第一部脫離神魔與英雄傳奇的小說，故事集中在西門一家的興衰史，整個故事場景局限於西門家的宅園和清河城內若干去處，細瑣的日常生活情節看似平淡無奇，卻把一個大家庭內外錯綜複雜的人物糾葛與興衰變化，有條不紊地展現出來。〔註54〕《紅樓夢》在一定程度上承繼了《金瓶梅》描寫世情人物的手法，但規模更爲龐大、技巧純熟高妙，成爲中國傳統小說中的壓卷之作。《紅樓夢》全書人物雖繁，但性格形貌各異；支線眾多卻能千里伏線、暗藏因果，賈寶玉的悟道和賈府的興亡雙線並行發展又互相關聯，賈府由盛極一時到最後樹倒猢猻散的敗亡，表面看來是冥冥中「已有定數」（在太虛幻境中早有預言），實則寄託了作者對世情人生的無限感慨。《紅樓夢》人物性格刻畫與描寫家族成員間恩怨情仇、矛盾算計的細膩成功，亦使其成爲家族史小說的典範，無數的小說作者從中吸取養分，成爲創作靈感的來源。

　　民國以後，此類以「大家族」之興衰史爲主題的長篇小說仍不時可見，代表作如張恨水（1895～1967）《金粉世家》（1926）〔註55〕、巴金（1904～2005）《激流三部曲》（《家》（1933）、《春》（1938）、《秋》（1940））〔註56〕、老舍（1899～1966）《四世同堂》〔註57〕（分爲「惶惑」（1946）、「偷生」（1946）、「饑荒」（1947）三部分出版）〔註58〕等。這些作品可說以不同的角度呈現出「一個世家在向現代過渡的過程中發生的種種變化。」〔註59〕舉例來說，《金粉世家》與《激流三部曲》所寫的都是如同《紅樓夢》般傳統封建大家族走向衰頹敗亡的故事〔註60〕，但以家族史反映大時代的社會變遷之意圖則更爲明顯。張恨水出身於清朝一個小稅官的家庭，他以「寒素之士的世界去看高門巨族的世界，在兩個世界的糾纏、反差和裂變的過程中反省人間的清與濁。」

〔註54〕參見謝思煒《中華文學通覽：燎之方揚——明代卷》（台北：書林出版社，1997年6月初版），頁131。
〔註55〕張恨水《金粉世家》（太原：北岳文藝出版社，1993年初版）。
〔註56〕巴金《家》、《春》、《秋》（北京：人民文學出版社，2003年11月3版6印）。
〔註57〕老舍《四世同堂》（台北：時報文化出版公司，2001年3月初版）。
〔註58〕見方祖燊師《小說結構》（台北：東大圖書公司，1995年10月初版），頁99。
〔註59〕見徐德明〈金粉世家與家族小說〉，http://www.cctv.com/program/bjjt/20041008/101521.shtml，2005。
〔註60〕不過張恨水在《金粉世家》序文中強調此書乃取徑於《紅樓夢》，但巴金因「五四」以來反傳統的風氣，「寧願說自己創作時接受過托爾斯泰、左拉、托馬斯·曼的影響，卻從來不提《紅樓夢》可能會產生的影響。」見陳思和《中國新文學整體觀》（台北：業強出版社，1990年3月初版），頁187。

〔註 61〕《金粉世家》的意義則在於它不只有傳統大家族的矛盾衝突與恩怨情仇等元素，這個世家還是一個「改良變化當中的家族」，它少了傳統大家族的四代同堂、人物關係沒那麼複雜、分家的時候女兒也有權得到家產……，在在呈現出社會、家族由傳統走向現代時必然的變遷。〔註 62〕至於巴金雖然出身於四川世家，但他一再強調《激流三部曲》絕非他的自傳，他說：「我不要單給我們的家族寫一部特殊的歷史。我所要寫的應該是一般的封建大家庭的歷史。我要寫這種家庭怎樣必然地走上崩潰的路，走到他自己親手掘成的墓穴。我要寫包含在那裡面的傾軋、鬥爭和悲劇。」〔註 63〕《四世同堂》出版於抗戰之後，寫的是小羊圈三個家族的故事，在戰爭爆發時，每個家庭成員都有自己的判斷、決定與際遇。小說是老舍對戰爭的控訴〔註 64〕，也蘊含了他對北京的回憶與情感。此外，林語堂（1895～1976）的《京華煙雲》（1939）〔註 65〕亦值得一提，此書原本用英文寫成，是林語堂打算將《紅樓夢》譯為英文卻因故未完成之後所寫的一部小說，其與《紅樓夢》之間的淵源可見一斑，《京華煙雲》也因此帶有一些向西方社會介紹中國的意味。小說從義和團事件寫到抗日戰爭期間約三十多年北京三大家族的興衰史，不僅反映當時的社會變遷、時代動盪，也寄寓了他的人生哲學。

綜上所述，可以看出基本上在 1949 年以前的中國家族小說，多半繼承了《金瓶梅》、《紅樓夢》以來書寫大家族家史興衰、人物恩怨的傳統，但在思想內涵上則多半寄託國史於家史之間，亦即藉由家族人物的際遇反映時代的動盪與社會變遷之情形：或者反映傳統大家族走向現代的過程、或者寄寓作者對舊時代的批判與人生觀。但整體來說，這些家族小說均非以「自傳」、「溯源」為目的。除此之外，如《金粉世家》中所揭示的家族型態之轉變亦值得注意，當家庭制度逐漸由傳統的三、四代同堂開始轉型時，家族成員要面臨的衝擊、矛盾或生活的困局自然也會改變。不同年代的家族書寫，反映的正

〔註 61〕 見劉易〈以報人的冷峻眼光看世界：張恨水長孫談《金粉世家》〉，《北京娛樂信報》，2003 年 3 月 20 日。http://www.booker.com.cn/gb/paper19/56/class001900005/hwz232563.htm，2005。

〔註 62〕 見徐德明〈金粉世家與家族小說〉，http://www.cctv.com/program/bjjt/20041008/101521.shtml，2005。

〔註 63〕 見巴金〈關於《家》〉，收錄於氏著《家》（北京：人民文學出版社，2003 年 11 月 3 版 6 印），頁 386。

〔註 64〕 參見方祖燊師《小說結構》（台北：東大圖書公司，1995 年 10 月初版），頁 100。

〔註 65〕 林語堂《京華煙雲》（台北：遠景出版社，2004 年 10 月初版）。

是不同的社會環境與家庭背景所要面臨的各種問題。在當代以核心家庭和折衷家庭為主的社會環境中，「大宅門」式的家族畢竟已較不多見，重寫家史或許是以文學創作回顧過往，甚至「複製尋根神話」〔註66〕的一種方式；但也有一些作者，不是將時空直接倒轉到遙遠的家族歷史之中，而是以「我」的眼光與角度出發，一步步地走回父母、家族的記憶中，在這個過程裡，更多的焦點是置放在歷史如何造就了「我」這個家庭的形成：例如父親 1949 年的逃亡，導致原本在海峽兩岸，應該終身不相識的兩人相遇結婚，這樣的家庭結構又為「我」帶來什麼樣的認同與困惑。而本文所要著重討論的，也正是以此類角度出發的家族書寫作品。

（二）解嚴以來台灣文學中家族書寫之發展脈絡

台灣文學中家族書寫之發展，以解嚴以來較為蓬勃。雖然之前也有不少帶有自傳色彩或回憶錄形式的作品，但卻未見以「家族史」或「家族書寫」名之。自 1987 年解嚴之後，關於族群、認同等議題不只反映在政治上，也同樣可從文學作品中看出。在解嚴後一波以族群立場出發的小說中，陳燁（1959～）1989 年出版的《泥河》〔註67〕，分別以老中青三代的人物林炳城、城眞華、林正森為代表，呈現出一個府城世家的家族故事。以女性的立場鋪陳自身家族與政治的歷史記憶，在當時仍未有先例〔註69〕，因此《泥河》在台灣家族書寫的發展上，具有一定的指標意義。

在九〇年代期間，家族書寫的作品相形之下數量較少。值得一提的是原住民作家夏曼・藍波安（1957～）與利格拉樂・阿𡢃（1969～）的作品。達悟族

〔註66〕見王德威〈海派作家，又見傳人 —— 論王安憶〉，收錄於王安憶《紀實與虛構》（台北：麥田出版，1996 年 10 月初版），頁 14。他於文中指出「大陸重寫家史的風潮，從莫言的《紅高粱家族》一炮而紅後，歷經蘇童、李銳、余華、格非、葉兆言等推波助瀾，已經不再新鮮。這些人的作品敷衍傳奇、演義歷史，的確各有千秋。但讀多了《妻妾》《高粱》《細雨》《迷舟》，難免令人不耐。」（頁 14）

〔註67〕陳燁《泥河》（台北：自立時報文化出版部，1989 年 3 月初版）。本書後來重新改寫為《烈愛眞華》（台北：聯經出版公司，2002 年 4 月初版）。

〔註69〕邱貴芬曾指出：「《泥河》是第一部台灣女性作家『重量級』鋪陳二二八歷史記憶的創作。」見邱貴芬《仲介台灣・女人：後殖民女性觀點的台灣閱讀》（台北：元尊文化有限公司，1997 年 9 月初版），頁 56。陳燁也在《烈愛眞華》的改版自序中說《泥河》「在當時堪稱是第一本『關於女性書寫家族與政治的歷史記憶』的長篇著作。」見陳燁《烈愛眞華》（台北：聯經出版公司，2002 年 4 月初版），頁 6。

的夏曼，以《冷海情深》〔註 69〕一書寫出他對族群文化的認同與追溯，從台灣回到故鄉蘭嶼之後，透過與父執輩的相處，以及實際參與傳統的生產技能等方式，夏曼深切地體會到族人所認知的世界觀，以及他們依賴自然環境、尊重自然萬物有靈的信仰內涵。至於父親安徽人，母親排灣族的利格拉樂，身兼所謂「外省第二代」與原住民的身分，在建立身分認同的過程中自然經歷了一番頗爲艱辛的轉折。〈眷村歲月的母親〉〔註 70〕與〈離鄉背景夢少年〉〔註 71〕分別寫母親與父親的故事，〈紅嘴巴的 Vu Vu〉〔註 72〕一篇，寫外婆如何建立利格拉樂家族，已經可說是短篇的「利格拉樂家族史」。不過無論是夏曼或利格拉樂，所關懷的重點與其說是自身的家族史，不如說是整個部落的人文歷史，這和一般家族書寫作者的關注焦點是有些差異的。

　　至於不同族裔作家書寫家族故事的作品開始密集出現，幾乎可說是近五年的事。2000 年郝譽翔和駱以軍分別出版了《逆旅》和《月球姓氏》，兩人均具有「父親外省／母親本省」的所謂「外省第二代」族群身分，又同樣以小說的形式追溯自身的家族史，二書題材的同質性，連駱以軍自己都有「撞衫」感。〔註 73〕

　　2001 年鍾文音以風格獨特的《昨日重現》備受注意，這本副標題爲「物件與影像的家族史」的散文集，是以物件和影像爲線索，喚回一段段屬於台灣鄉土的家族故事與記憶。

　　2002 年聯合文學出版了朱西甯（1927～1998）筆耕十八年，原定百萬字，後因病只完成五十五萬言的遺作《華太平家傳》〔註 74〕，由首章〈許願〉一篇自述之成書經過，可知此書雖託名爲「華太平」之家傳，亦爲以自傳性質爲主的長篇家族史。簡媜（1961～）的《天涯海角——福爾摩沙抒情誌》〔註 75〕一

〔註 69〕夏曼‧藍波安《冷海情深》（台北：聯合文學出版社，1997 年 5 月初版。）
〔註 70〕利格拉樂‧阿𡠄《誰來穿我織的美麗衣裳》（台中：晨星出版公司，1996 年 7 月初版），頁 34～39。
〔註 71〕同前註，頁 158～162。
〔註 72〕利格拉樂‧阿𡠄《紅嘴巴的 Vu Vu》（台中：晨星出版公司，1997 年 4 月初版），頁 85～128。
〔註 73〕駱以軍《遣悲懷》後記：「我記得當時我正在和手中那泥沼般的父親記憶之材料疲憊地搏鬥，在書店翻了 H 女士的小說，當下哀鳴出聲：『唉，撞衫了。』」見氏著《遣悲懷》（台北：麥田出版，城邦文化有限公司發行，2001 年 11 月初版），頁 313。
〔註 74〕朱西甯《華太平家傳》（台北：聯合文學出版社，2002 年 2 月初版）。
〔註 75〕簡媜《天涯海角——福爾摩沙抒情誌》（台北：聯合文學出版社，2002 年 3

書，時空背景則跨越數世紀，其中副標題分別為「獻給先祖」、「獻給母靈」、「獻給一八九五年抗日英雄」的〈浪子〉、〈浮雲〉、〈朝露〉三篇，將族史與歷史並陳，並結合史料與考證，這種「抒情誌」的寫法，亦可說是一種新的嘗試。

2003 年張大春的《聆聽父親》，同樣以外省族群的回憶為主，以一個「對尚未出生的孩子講述家族故事」的意念而寫成。馬華作家陳大為（1969～）的《句號後面》〔註76〕，則是一本以家族中的人物為主題的「家族列傳」。〔註77〕

2004 年陳浩（1957～）的散文集《一二三，到台灣》〔註78〕，雖是由報紙專欄「三四少壯集」結集而成，但書中寫自身在台南的童年回憶、父母那一輩的遷徙故事、以及和女兒相處的生活瑣事，無形中已將三代的家族故事蘊含其中，也涉及了對身分、認同、記憶等議題的思考。陳玉慧的《海神家族》，寫的是一個異鄉女子的溯源之旅，她曾在訪問中表示，這是一本「混合式的自傳體」，「小說中人名、家族人物場景可能有所變動，但調性則無更改」。〔註79〕本書值得注意的不只是其中作者（敘述者）身分認同與其複雜的身世背景之間的關係——她的曾祖父是蒙古人，曾祖母是江蘇人，祖父與父親在北京出生，後來全家搬到安徽，父親十八歲離家到台灣與母親結婚，而她的外婆是日本人，外公是福建來的台灣人〔註80〕，陳玉慧以建構母系家族史為主的寫作方式，也可說是台灣家族書寫的新方向。

此外，前述立緒文化的「百年文選」系列之「家族書寫」文選集〔註81〕，收錄兩岸三地與其他地區華人書寫父母的作品，不僅具有呈現多元族群生命面貌的意義，也一定程度地說明了家族書寫受到出版市場重視的現象。

其實，不少作家在寫作生涯中都會為文紀念或感謝父母，因此市面上一直不乏這類的選集出現，如鐘麗慧（1953～）於 1983 和 1984 年分別編《我

月初版）。
〔註76〕陳大為《句號後面》（台北：麥田出版，城邦文化有限公司發行，2003 年 12 月初版）。
〔註77〕陳大為對此書的界定是：「像家族史，卻又不是『正宗』家族史的東西，在我的構想中，比較像是『家族列傳』。」同前註所引書，頁 160。
〔註78〕陳浩《一二三，到台灣》（台北：時報文化出版公司，2004 年 5 月初版）。
〔註79〕明夏文，陳玉慧譯〈丈夫以前是妻子——評論家丈夫明夏專訪小說家妻子陳玉慧〉，收錄於陳玉慧《海神家族》（台北：印刻出版公司，2004 年 10 月初版），頁 327。
〔註80〕參見陳玉慧《海神家族》（台北：印刻出版公司，2004 年 10 月初版），頁 10。
〔註81〕立緒文化編《我的父親母親》（台北：立緒文化有限公司，2004 年 1 月初版）。

的母親》和《我的父親》〔註82〕二書、以及鄭明娳（1950～）和林燿德（1962
～1996）所編的《有情四卷——親情》〔註83〕均為同性質的選集。這些選集
的選文內容與性質，和立緒「百年文選」系列可說大同小異，但只有立緒版
的冠上「家族書寫」之名，這種「新瓶裝舊酒」的現象，也或多或少地反映
出某種出版界的「市場需求」。事實上，近年來關於族群問題的討論方興未艾，
文學市場也相對受到影響，不少作品於出版時會特別註明或強調「家族史」
的性質，亦可看出「家族書寫」在這幾年來成為新興文類的現象。

二、歷來研究成果

　　雖然家族書寫的作品近年來頗受關注，但到目前為止，似乎仍未有以家
族書寫為主題的專論。至於本論文主要討論的五位作家中，除張大春與陳玉
慧外，均為九○年代以後方崛起的新生代作家，因此相關的討論也較少。目
前可見的學位論文中，專論張大春的作品有林培欽《張大春魔幻寫實小說研
究》〔註84〕、胡金倫《政治、歷史與謊言——張大春小說初探（1976～2000）》
〔註85〕、何明娜《張大春短篇小說研究》〔註86〕，但由於《聆聽父親》一書
是 2003 年出版的長篇小說，因此並不在上述三本論文的討論範圍；研究駱
以軍的有陳惠菁《新國民浮世繪——以駱以軍為中心的台灣新世代小說研
究》〔註87〕；其它三位小說家則尚未有學位論文進行專題論述。〔註88〕

〔註82〕鐘麗慧編《我的母親》（台北：大地出版社，1983 年 5 月初版）；《我的父親》
　　　　（台北：大地出版社，1984 年 8 月初版）。

〔註83〕鄭明娳、林燿德編《有情四卷——親情》（台北：正中書局，1989 年 12 月初版）。

〔註84〕林培欽《張大春魔幻寫實小說研究》（台北：市立師範學院應用語言文學研究
　　　　所碩士論文，1993）。

〔註85〕胡金倫《政治、歷史與謊言——張大春小說初探（1976～2000）》（台北：政
　　　　治大學中文系碩士論文，2001）。

〔註86〕何明娜《張大春短篇小說研究》（台北：台師大國文系在職進修班碩士論文，
　　　　2003）。

〔註87〕陳惠菁《新國民浮世繪——以駱以軍為中心的台灣新世代小說研究》（台北：
　　　　政治大學中文系碩士論文，2000）。

〔註88〕截至 2004 年 6 月為止，討論到郝譽翔、鍾文音、陳玉慧三位作家的論文，多
　　　　半是主題研究的一部分，如張佩珍《台灣當代女性文學中的母女關係探討》（嘉
　　　　義：南華大學文學研究所碩士論文，2000）觸及郝譽翔《洗》、鍾文音《女島
　　　　紀行》的討論；曾珍《九十年代女作家小說兩性關係情節暨教學研究》（高雄：
　　　　高師大國文教學碩士班碩士論文，2003）討論了陳玉慧的《徵婚啟事》；黃孟
　　　　慧《台灣九○年代以來旅行文學研究（1990～2002）》（台北：市立師範學院應

　　至於對認同問題的關注與討論，相形之下則已有相當的成果，以作家的認同問題爲主的研究如朱玉芳《論陳若曦小說中的文化認同》〔註89〕、謝嘉琪《余光中詩中的文化認同研究》〔註90〕、劉紋豪《國族認同的失落與爭辯—— 朱天心小說研究（1977～2000）》〔註91〕、趙慶華《認同與書寫—— 以朱天心與利格拉樂‧阿鶴爲考察對象》〔註92〕；以文類或族群爲中心進行研究的則有王淑雯《大河小說與族群認同：以《臺灣人三部曲》、《寒夜三部曲》、《浪淘沙》爲焦點的分析》〔註93〕、王慧芬《台灣客籍作家長篇小說中人物的文化認同》〔註94〕、陳文美《認同與疏離之間—— 少年小說中的母女關係》〔註95〕等。不過相關論述中，仍尚未見到以家族書寫中的認同問題爲中心的探討。但事實上，對於身世、家族故事的書寫與追尋，總不免觸及對認同問題的思考，因此筆者本論文關注的焦點將集中在家族書寫中的認同問題之探討。

三、文本的選擇

　　如前所述，本文爲家族書寫下了一個解釋性的界義：「以自身及原生家庭的故事爲起點，夾雜眞實與虛構的筆法，透過小說或散文的形式書寫家族故事，並涉及對自身、家庭乃至國族等認同問題之思考的文學作品」。在此界義下，筆者選擇了郝譽翔《逆旅》、駱以軍《月球姓氏》、鍾文音《昨日重現》、張大春《聆聽父親》、陳玉慧《海神家族》五部作品中反映的認同問題爲討論主軸。之所以將關注焦點集中在五位作家於 2000～2004 年間所出版的代表

　　　　　用語言文學研究所碩士論文，2003）討論了鍾文音部分旅行文學的作品等。
〔註89〕朱玉芳《論陳若曦小說中的文化認同》（台中：東海大學中文系碩士論文，1999）。
〔註90〕謝嘉琪《余光中詩中的文化認同研究》（嘉義：中正大學中文系碩士論文，2002）。
〔註91〕劉紋豪《國族認同的失落與爭辯—— 朱天心小說研究（1977～2000）》（台北：淡江大學中文系碩士論文，2002）。
〔註92〕趙慶華《認同與書寫—— 以朱天心與利格拉樂‧阿鶴爲考察對象》（台南：成功大學台文所碩士論文，2003）。
〔註93〕王淑雯《大河小說與族群認同：以《臺灣人三部曲》、《寒夜三部曲》、《浪淘沙》爲焦點的分析》（台北：台灣大學社會學研究所碩士論文，1993）。
〔註94〕王慧芬《台灣客籍作家長篇小說中人物的文化認同》（台中：東海大學中文系碩士論文，1998）。
〔註95〕陳文美《認同與疏離之間—— 少年小說中的母女關係》（台東：台東師範學院兒童文學研究所碩士論文，2000）。

作，是希望在進行比較時更能凸顯成長於同一世代、身處同一時空下不同主體的多元視角。雖然其中部分作品在內容上可能多少仍舊以偏向書寫父親或母親爲主——例如郝譽翔與駱以軍書中所強調的皆爲父親的流亡史與身世、鍾文音《昨日重現》中的重要回憶則多半與母親有關。但必須指出的是，這些作品在書寫內容上固然有其偏重之處，但它們與書寫「單一家人」爲主的作品仍有不同，基本上除了《逆旅》一書在家族史的建構上稍微薄弱（仍有上溯到祖母一輩之故事，唯篇幅較少）以外，其餘諸作皆書寫了三代以上或跨越百年時空的家族歷史，只是依其內容偏重的方向，又可略分爲父系或母系身世書寫兩類。事實上，作者在書寫時有意或無意的偏向，其實也可視爲一種認同的流向，值得進一步加以探究。

舉例來說，五位作家中駱以軍、郝譽翔、張大春所書寫的主要是父親的故事，反之鍾文音與陳玉慧則較偏向母系的書寫，因此筆者在論述時亦常以「父系認同」或「母系認同」的概念加以區分。但必須強調的是，這僅代表文本中主要呈現的認同傾向，絕非作者或敘述者「只認同」父系／母系身世。從另一個角度來看，事實上也沒有任何一種認同元素足以釐清作者何以選擇父系或母系身世之書寫：若以性別的角度觀察，在本論文研究的作品中，書寫母系身世的均爲女性作家，但同爲女性的郝譽翔卻選擇父系身世之書寫，可見性別並不見得是影響身分認同的關鍵因素；若以族群所屬的身分來思考，父系書寫和「外省第二代」的身分看似有其相關性；但同樣有「外省父親」的陳玉慧，卻選擇了母系書寫。換句話說，沒有一種單一元素可以決定認同的傾向，認同自然也不可能是純粹的、絕對的、固定不變的。本論文之所以仍將變動不居的認同加以分類爲「父系認同」與「母系認同」兩大主軸，除了是基於研究與論述的需要，也是因爲這是一個觀察身世認同的大方向，透過這些以類似關懷出發，而風格與重點各有不同的作品之比較，相信將能看出認同問題涉及的各種複雜面向，以及在身分認同的多種選擇之中，個體所經歷的困惑與超越的可能性。

另外，前述羅列之其他家族書寫作品，筆者亦會視論述之需要適時加以援引分析。不過仍有部分作品難免成爲遺珠：如陳燁刻畫府城世家家族史的長篇小說《烈愛眞華》，書前附上數張母親的照片，一定程度地提示了故事來源之依據，陳燁在自序中亦提及「到日本探訪一些幽閉多年的家族記憶」〔註96〕

〔註96〕見陳燁《烈愛眞華》（台北：聯經出版公司，2002年4月初版），頁7。

的經過，然小說以第三人稱敘事觀點展開敘述，在手法上毋寧更接近大河小說；朱西甯的《華太平家傳》，從清光緒二十六年（西元 1900 年）寫起，描述山東鄉下地方華氏一族的生活，筆法細膩，宛如一幅幅庶民生活畫，然描述之時空背景與寄託之理念〔註 97〕，均與當代家族書寫有所差異；陳大爲的散文集《句號後面》，主要紀錄馬來西亞故鄉的家人與故事，更適合與其他馬華文學一同探討，且認同問題亦非該書所關注的重點。因此以上這幾本著作，將不列入本論文之討論範圍。

第四節　研究方法與架構

一、研究方法

　　本文在討論認同問題時所採用的架構，主要是以泰勒（Charles Taylor）的認同理論爲出發點。如前所述，泰勒將認同分爲「個人認同」與「社會認同」兩個層次，前者指個人對自身本質特徵的理解，後者則爲個人與他者互動時所建構的認同。爲配合家族書寫中主要呈現的認同面向，筆者將社會認同再區分爲家族與國族兩個方向來加以探究，因此本論文將以自我認同、家族認同與國族認同爲切入點，探討當代台灣文學中五位作家的家族書寫代表作。這三個層次由小我逐漸向外延伸擴展，雖然當中必然仍有其重疊夾纏或互爲因果的面向，但支撐此三者的軸心價值畢竟仍有所不同，爲論述與分析之必要，本文將各認同之主軸細分如下：在自我認同的部分，分爲姓名、身體與早期記憶等子題；家族的認同先略分爲父系與母系認同兩類加以論述，再討論生活空間與認同的關係；國族認同的部分則分別就歷史、族群、文化等向度來觀察。

　　必須說明的是，由於每位作者在處理家族故事與記憶時，自有其不同的偏重方向與關注焦點，例如有關姓名問題的思考以駱以軍和郝譽翔爲代表、族群身分與認同的關係在駱以軍的文本中有最多的呈現、鍾文音對母女關係

〔註97〕朱西甯《華太平家傳》所寄託之理念，誠如其妻劉慕沙所言：「僅管五十多萬字僅占老爸預期要寫的四分之一，他一生所信守、且身體力行的理念，宗教的（基督教中國化、西體中用、教義如何在民間扎根），家國的（想要讓子孫承傳的家風和中國文化），全都涵蓋了。」見劉慕沙〈看電聯車的日子〉，收錄於朱西甯《華太平家傳》（台北：聯合文學出版社，2002 年 2 月初版），頁 886。

的著重遠勝於對國族認同的關注、至於宗教與認同則只有陳玉慧的《海神家族》最足以引發相關的思考等。如果在討論每個議題時都將五本作品拿來分析比較，不僅冗贅亦無必要，因此筆者將針對文本的特色，選取其中較具代表性的部分加以探討。至於論述的順序除少數章節依行文之需要可能稍作調整外，基本上均以書籍出版時間之先後次序爲原則 —— 依序爲《逆旅》、《月球姓氏》、《昨日重現》、《聆聽父親》、《海神家族》。每個子題所討論的文本數量將視情況而定，部分子題僅針對一到兩部作品進行細部之論述，部分則就五部作品加以歸納比較。

此外，由於筆者所選擇的文本均爲兼具自傳性與文學性的作品，牽涉到真實經驗的融入文本，因此作者意圖、作者經驗與作品中敘述者的遭遇、思想能否合而觀之，就成爲值得考量的問題。雖然有些文學批評的理論主張作者的意圖不應用來做爲文學研究的標準，例如「新批評」（New Criticism）的理論就主張：「唯有作品本身才值得分析批評，……文章中所表現出的作者意向被『括離』（bracket）出來，有別於真實作者的自我經驗。」〔註98〕羅蘭‧巴特（Roland Barthes 1915～1980）更以「作者已死」來強調文本的閱讀與詮釋權是在讀者而非作者身上，因爲「是語言在說話，而非作者」，「讀者的誕生必須付出作者死亡的代價。」〔註99〕而「作者已死」的概念亦的確有其必要性，因爲「作品中的詞章也往往會含有某些意義是作者自己所始料未及的」〔註100〕；但另一方面，作者意圖或是作者背景等「外緣知識」對於理解作品來說，仍多少有其意義，因爲「作者有意表達其意義，他的意圖是不容抹煞的。」〔註101〕更何況嚴格來說，「天下文章絕無『沒有意圖』之意」。〔註102〕但在釋義的過程中，我們仍可將「意義」（meaning）與「指涉」（significance）

〔註98〕 見張誦聖〈王文興小說中的藝術和宗教追尋〉，收錄於氏著《文學場域的變遷》（台北：聯合文學出版社，2001年6月初版），頁46。

〔註99〕 原文見 Barthes, Roland. "The death of the Author." In:Barthes, Roland: *Image/Music/Text*. Essays selected and translated by Stephen Heath. New York: The Noonday Press, 1977, 142～48. 此處之翻譯係引用自陳淑純〈霍夫曼另類自我表達 —— 典範的「貓」格與分裂的「人」格〉，《世界文學第3期：小說裡的「我」》（台北：麥田出版，城邦文化有限公司發行，2002年5月初版），頁88。

〔註100〕 見蔡源煌〈「作者之死」新詮〉，收錄於氏著《從浪漫主義到後現代主義》（台北：雅典出版社，1987年12月初版），頁251。

〔註101〕 見蔡源煌〈何謂詮釋？〉，收錄於氏著《從浪漫主義到後現代主義》（台北：雅典出版社，1987年12月初版），頁230。

〔註102〕 同前註，頁230。

區分開來，前者和作品、作者密切相關；後者則是讀者可自行詮釋、理解的影射義〔註103〕，如此一來，或許能在文本、作者與讀者之間，創造出更多的意義。

從這個觀點來看，雖然筆者在本文中所要討論的認同問題，主要是作品中所反映的，關於「認同」之思索與態度；但事實上作者與敘述者之間的關係其實相當微妙，難以完全區隔，誠如陳芳明引述費雪（M. Fischer）之言對自傳文學所做的分析：

> 「自傳往往是透過雙軌式的過程去追求，我稱之為對鏡、對話的說故事式，以及跨文化式的批判。」所謂雙軌式（double tracking）的進行，乃是作者本身的生命史與文本傳主的生命史之互動關係。作者是傳主的投射，而傳主也是作者的映照，兩者之間存在著微妙的辯證關係。……傳主生命歷程中曾經遭遇的挫折與幻滅，可能也是作者透過文字書寫企圖要分享的。〔註104〕

家族書寫文本其實亦可作如是觀，簡言之，作者與敘述者其實是相互映照而不可分割的，因此筆者有時亦會引述作者於訪談或其他作品中的「現身說法」，觀察其理念與文本間的呼應或矛盾之處。必須強調的是，這樣的研究方式並非把作者與敘述者完全劃上等號，更不是為了將作者經驗與文本內容做「對號入座」的索隱式閱讀，而是希望藉此呈現出作者與文本間複雜的交互作用。關於敘述者與作者之間似分而又合一的互動關係，筆者將於論述時視需要加以補充說明。

由於本論文在撰述時並非以理論先行，而是以文本分析為主的導向，因此在援引理論時不是以單一理論主導，而是在分析不同議題時選擇適當的理論為論證之輔助。除了引用泰勒（Charles Taylor）等學者有關認同之理論以外，筆者並在各章中配合討論之主題，參考相關之理論：例如以阿德勒（Alfred Adler 1870～1937）所創辦之「個體心理學」（Individual Psychology）中有關「早期記憶」的觀點，做為理解自我認同如何形成的參考；以邱德洛（Nancy Chodorow 1944～）的母女理論觀察矛盾的母女關係；結合「人與環境研究」

〔註103〕見蔡源煌〈何謂詮釋？〉，收錄於氏著《從浪漫主義到後現代主義》（台北：雅典出版社，1987 年 12 月初版），頁 230。

〔註104〕見陳芳明〈女性自傳文學的重建與再現〉，收錄於氏著《後殖民台灣——文學史論及其周邊》（台北：麥田出版，城邦文化有限公司發行，2002 年 4 月初版），頁 155～156。

（people-environment studies）（環境心理學）研究者克蕾兒・馬可斯（Clare Cooper Marcus）有關「家屋」（House）與認同之概念，來探討家族書寫中提及的生活空間與認同；參考費修珊（Shoshana Felman）與勞德瑞（Dori Laub）有關心理分析與見證的觀點，討論家族書寫中的歷史記憶與認同等等。廣義來說，筆者是以心理學的角度來配合家族書寫之研究，雖然這些理論畢竟仍是分屬不同流派，而不同流派之理論往往是各自針對不同案例之分析發展而來，彼此之間或許不完全相容，但由於其關注的焦點各有不同，反而可以避免單引一家之言時顧此失彼的缺憾。且筆者引用理論之目的，並非爲了將理論生硬與全面地套用於文本上，而是針對文本與理論可互相印證或參酌之部分加以分析說明，期能對文本有更深入地了解。

此外，本文所討論之重點是以認同問題爲中心，意不在對家族書寫發展之脈絡進行全面性的爬梳或各類型作品之歸納比較，因此著力探討之文本將以前述五位作家之作品爲主，除了家族書寫的文本外，其他作品如有涉及相關之題材，或是其他作家同類作品中呈現出類似的認同問題時，亦會一併納入探討。

二、篇章架構

本論文擬分六章，各章之討論內容如下：

第一章爲緒論，分爲四個小節交代本論文的研究動機、名詞釋義、研究範圍、研究方法與架構，並略述歷來之研究成果與台灣家族書寫的發展脈絡。

第二章討論家族書寫作品中關於「自我」的認同，家族書寫必始於自身，而「自我認同」則是個體對「我是誰？」這個問題的思索與答案。但「我是誰？」其實是個複雜而難解的問題，許多的認同符號往往僅能代表與說明自我認同的一小部分，因此筆者在此章將分別從姓名、身體、早期記憶幾個方向，探討個體在成長過程中，如何逐步建立了關於姓名、身體與性別的認同，並由早期記憶的書寫，找到個體建立自我概念的線索。

第三章討論有關「家族」的認同，分爲父系認同、母系認同、生活空間與認同等三節加以論述。其中以父系身世爲主要關懷與書寫對象的作品包括：《逆旅》、《月球姓氏》與《聆聽父親》；書寫母系身世爲主的則爲《昨日重現》與《海神家族》，取材角度的不同，已一定程度地透露出書寫者的認同傾向。除此之外，家屋可說是自我的一面鏡子，映照出個人的喜好、興趣與

價值觀，因此家庭的生活空間對認同的影響亦不容忽視。

　　第四章論述關於「國族」的認同，分為歷史、族群與政治、文化認同幾個方向思考。雖然屬於特定族群身分的記憶與認同，並不盡然是家族書寫的主要關懷所在，但從另一個角度來看，台灣這塊島嶼，既容納了各種族群的歷史記憶，個人家族史的追溯，就一定程度地反映出這個島嶼複雜的身世故事。透過家族書寫中國族認同的探討，或能以不同於歷史、政治等領域的思維方式，窺見歷史、記憶與認同的幽微之處。

　　第五章為綜合討論，先以省籍與出生地之認同，觀察作者之所以選擇父系或母系身世書寫，與其認同之間有何關係；並針對在「父系」或「母系」身世書寫這種二元的分類法下，文本中可能較被忽略之處加以補遺；最後則探討作品之形式藝術，分析作者們如何透過形式各異的手法，呈現了家族書寫的多樣性。

　　第六章為結論，除歸納本文之研究成果外，並探討台灣家族書寫與研究之展望。

　　另外附錄的部份，收錄了筆者於 2004 至 2005 年間，訪問郝譽翔、駱以軍、陳玉慧、鍾文音等四位作家之訪談紀錄，從訪談的內容，當可更深入地了解幾位作家的創作理念，亦可供文本分析或相關研究之參考。

第二章　家族書寫中的「自我」認同

第一節　姓名與身分認同

一、姓名與認同

　　姓名，表面上看來只是作為區別人與人個體間差異的代號，只是一個稱呼。但事實上，這個在出生時（甚至出生前）就被家人長輩賦予的稱代「符號」，對身分認同與主體性的建構卻有相當重要的影響。不同的國家、民族、時代，會有不同的命名方式與習慣。例如西方社會習以聖徒或英雄的名字來命名，可說是西洋文化中碑銘主義（Monumentalism）之展現，他們的命名是社會共有的意象之結晶〔註1〕；中國社會的命名，則往往蘊含了父母對子女的願望與期待，例如期盼男孩成才，就取名俊、傑、棟、才，希望女孩賢淑，就取賢、惠、淑、貞等等。〔註2〕

　　若細究「姓名」這個詞，其實應分為「姓」和「名」兩個部分，前者標誌著家族的來源，後者則是個人專屬的代號。姓名作為代表一個人主體性的符號，理應是獨一無二、專屬於個人的，然而事實並非如此。如同哈羅德‧伊薩克（Harold R Isaacs）所指出的：

　　　　名字儘管是個人的，但本質上還是群體的。家族的姓氏既來自於整

〔註1〕　參見 21 世紀研究會編，張佩茹譯《人名的世界地圖》（台北：時報文化出版公司，2002 年 4 月初版），頁 13。
〔註2〕　同前註，頁 168～169。

個語言和傳統，與它們就是一體的。至於名字，通常若不是襲自遠
近的先人，就是取自族群中的先聖先賢。這種命名的方式，無異是
在提醒，透過這個名字，已經有一個人擺在你的面前，你想要瞭解
或必須瞭解的，一切都是現成的。因爲，叫你這個名字，就等於是
給你一個現成的行爲信號。〔註3〕

　　法國哲學家路易‧阿圖塞（Louis Althusser）在其〈意識型態與意識型態
國家機器〉（"Ideology and Ideological State Apparatuses"）一文中，亦曾提到姓
名具有形塑主體性、「召喚」（interpellate）身分認同的影響力。根據阿圖塞的
說法，人永遠身處在意識形態之中，但人們往往對此並不自知，而相信自己
是在意識形態之外的。事實上，諸如上教堂、參加一次望彌撒、上課、或參
加一次政黨會議等等，都是意識形態機器所支配的儀式，人們在這些儀式之
中成爲受到意識形態影響的主體。阿圖塞在解釋「召喚」的意義時舉例說：
當警察呼喚：「喂！你！」的時候，被呼喊的那個人總是會接受召喚轉身，而
透過這個一百八十度的轉身，他就變成了主體，因爲他認出了這個召喚真的
是對他所發出的，真的是他被召喚。〔註4〕就如同一轉身便成爲接受了召喚的
主體，當阿圖塞說「跪下，祈禱，然後你就會相信」〔註5〕時，就是要強調，
雖然我們以爲自己是基於某些理念才接受某種儀式、進行某些活動，但其實
正是諸如轉身或跪下祈禱的這些儀式與活動的本身，讓我們身處於意識形態
中，只不過因爲我們總把意識形態當成是自己原本就信奉的理念，才不覺得
是意識形態的作用。阿圖塞以此說明意識形態的存在和個體被召喚爲主體是
同一件事。因爲意識形態總是已經（always-already，粗體爲筆者所加）把個
體召喚爲主體了。〔註6〕由這個觀點來看姓氏對孩子的影響，由於在父系社會
下，幾乎所有的孩子在出生之前就確定會冠上父親的姓，確定有一個傳遞父
系姓氏的身分，所以在出生之前孩子就總是已經是個被召喚的主體了，而命

〔註3〕見哈羅德‧伊薩克（Harold R Isaacs）著，鄧伯宸譯《族群》（台北：立緒文
　　　化有限公司，2004 年 11 月初版），頁 116。
〔註4〕見 Althusser, Louis "Ideology and Ideological State Apparatuses." *Lenin and
　　　Philosophy and Other Essays.* Trans. Ben Brewster. New York: Monthly Review,1971,
　　　174.
〔註5〕原文爲"Kneel down,move your lips in prayer,and you will believe."同前註，頁
　　　168。
〔註6〕原文爲"ideology has always-already interpellated individuals as subjects." 同註
　　　4，頁 175。

名則是進一步的召喚儀式，每個家庭以不同的意識形態為孩子命名，而認得自己的名字，也就是接受了家庭意識形態為自己指定的身分。〔註7〕

　　由上述的論點可以得知，姓名所蘊含的意義，絕不只是個人的稱代符號而已，它不僅在某種程度上呼應了家族的意識型態，並且與身世背景所建構的身分認同有著一定的關係。而個人對姓名的認同，多少反映出他對自身身分的認同與定位，這也正是何以中外不少涉及身世、認同等題材的作品，往往亦觸及「姓名」此一議題之因。〔註8〕而當代台灣家族書寫的作品，亦不乏從姓名出發的相關思考，以下就以《月球姓氏》和《逆旅》二書為例，分別對「姓氏」和「名字」〔註9〕與身分認同的關係進行討論。

二、姓氏——建立歸屬的符號？

　　在日常生活中，姓名究竟對人能造成多大的影響？或許可以由哈羅德‧伊薩克（Harold R Isaacs）的一段話來加以說明：「當你與一個陌生人狹路相逢

〔註7〕　見 Althusser, Louis "Ideology and Ideological State Apparatuses." *Lenin and Philosophy and Other Essays.* Trans. Ben Brewster. New York: Monthly Review,1971, 176.

〔註8〕　例如擅長處理美籍華裔女性的種族認同、母女關係等問題的作家譚恩美（Amy Tan）在《接骨師的女兒》（台北：時報文化出版公司，2002年3月初版）一書中，以一個埋藏在記憶深處的姓名（女主角外婆的姓名）貫串首尾，當最後女主角露絲找到外婆的姓名時，彷彿也同時尋回了外婆曾經存在的證明；印裔女作家鍾芭‧拉希莉（Jhumpa Lahiri）的小說《同名之人》（台北：天培文化公司，2004年12月初版），描寫印裔美籍第二代移民「果戈理」，因為厭惡這個與俄國小說家相同的名字而苦惱多年，直到最後他體會到名字是「父親送給他的第一份禮物」，才放下心中多年的包袱，本書深刻地將姓名在個體形成認同的過程可能造成的困擾描寫得淋漓盡致；另外如宮崎駿的動畫作品《神隱少女》，姓名在其中也具有一定的象徵意義：少女荻野千尋為拯救誤闖神靈之境變成豬形的父母，以被收去（遺忘）姓名為代價，在「神明的湯屋」中工作，當她最終想起自己的名字時，也換回了自由之身。

〔註9〕　嚴格來說，「姓」和「氏」、「名」和「字」原本各有其不同的意義。最早「姓」代表家族，「氏」則是現在所說的「姓」，同姓族群的人為了區分身分的不同，因此又細分為不同的氏。在秦朝統一中國前，姓代表婚姻的限制，同姓不婚，氏則代表這個家庭的階級與社會地位；另外「名」指的是本名，古人在本名以外多半會另取一個「字」，以前認為直呼其名是不禮貌的，因此多半稱對方的字號以表敬避。以上關於姓、氏、名、字的意義，參見21世紀研究會編，張佩茹譯《人名的世界地圖》。（台北：時報文化出版公司，2002年4月初版），頁162～174。由於現在多以「姓氏」代表「姓」，「名字」代表「名」，因此本文亦不另行區隔「姓」與「氏」，「名」與「字」。

時，對方什麼都不必做，只要報上姓名，就會讓你產生幾乎是自發性的回應，對他採取開放或封閉，歡迎或拒絕，接納或排斥。」〔註10〕這樣的說法聽來似乎武斷而不可信，卻可在簡媜的《天涯海角》一書中找到佐證：

> 我生平一直感到「簡」字太孤單，自小學至大學畢業，同學中除去有親戚關係的，僅碰到兩位姓簡的。出社會就業，進出數間公司，尚未遇見同姓同事。無怪乎有一回坐計程車，看駕駛台上的執照牌寫著簡姓，隨口說：「我也姓簡」，那司機轉頭好好看我一眼，原本緊繃的臉霎時浮起笑容，下車時堅持不收車資。這種舉措完全是弱勢之姓的本能反應。〔註11〕

由此可以發現，姓名之所以能引發我們對陌生人的本能反應，是在於它提供我們一個最快速的方法，做為判定此人是否「屬我族類」的依據。以簡媜的例子來說，由於簡姓人口稀少，因此同樣姓簡的這件事，讓素昧平生的計程車司機和簡媜產生某種聯繫感和親切感，簡媜「報上姓名」的舉動，換來計程車司機「不收車資」的反應，正是伊薩克所說的自發性回應。

　　若再進一步對「姓」和「名」所引起的自發性回應加以思考，他人的姓名固然可用以分辨對方的國籍和族群，但在雙方國籍或族群相同時，「姓」無疑又比「名」更具有建立團體歸屬感的作用。舉例來說，「主恩」或「復生」這類名字可以讓我們猜測對方家庭的宗教信仰；「台生」或「閩生」等名則足以推斷對方的籍貫或出生地，但名字的種類太多，命名的原因亦無奇不有，這類有明確特色的名字畢竟只屬少數。姓氏則不然。雖然對於某些如張、陳、劉等「大姓」的人來說，同樣的姓氏可能有不同的來歷，因此不見得會對同姓的人感到特別親近 —— 可以想見一位張姓的司機，定然不會對張姓的乘客提供免車資的優待。但對於稀有姓氏的那些人來說，同姓之人絕對能提供某種「自己人」的親切感。姓氏在他們建構身分認同的過程中，相對地也會占有更重要的地位。由《月球姓氏》一書，可更進一步地看出姓氏與認同之間的關係。〔註12〕

〔註10〕見哈羅德・伊薩克（Harold R Isaacs）著，鄧伯宸譯《族群》（台北：立緒文化有限公司，2004 年 11 月初版），頁 116～117。

〔註11〕見簡媜《天涯海角 —— 福爾摩沙抒情誌》（台北：聯合文學出版社，2002 年 3 月初版），頁 15。

〔註12〕本節關於駱以軍及郝譽翔作品中姓名認同的討論，部分內容為引用及改寫拙作〈我們是那樣被設定了身世：論駱以軍《月球姓氏》與郝譽翔《逆旅》中的姓名、身世與認同〉，《第七屆青年文學會議論文集》（台北：文訊雜誌社，

　　由《月球姓氏》一書的書名，已可看出作者對「頂了奇怪姓氏」的外省族群身分之獨特與「邊緣」的隱喻：

　　　　那對老夫妻的先生姓月，我父親總要我喊月伯伯，月媽媽。長大以後我曾想過，為什麼他們姓月呢？難道不是姓樂嗎？或是姓越？總之那個年代，我父親的朋友們總不乏一些怪姓：有一個叔叔姓昝的，還有一個叔叔姓戰，有一個阿姨姓師（不是施），還有姓上官姓諸葛的，那個時代你不覺得怪，……但是待長大之後，這些頂了怪裡怪氣的姓的人們（或是他們的第二代），就統統從我生命的周遭消失不見了。〔註13〕

「那個時代不覺得怪」的姓氏，在長大之後卻逐漸消失不見，隱約暗示著外省族群在政治變動後處境的改變，姓氏的稀有意味著「少數」與地位之邊緣，而所謂的「消失」，不僅代表「第一代」的凋零，也暗示著「第二代」的隱藏與偽裝。一如他屢屢在作品中感嘆的：「是什麼原因你們必須假裝是在這島上出生，但其實你們本來就是出生於此？」（頁16）以及：

　　　　我想起自己在那個島上，上了計程車，用僅會的台語短句搭配偽裝的台灣國語，和那些良善卻被仇恨充滿的我類搭腔敷衍。許多年後，我們這支遷徙者的後裔哪。會因為自我保護而將父親那一輩的故事清洗掉吧？（簡直像不鳥不獸的蝙蝠）〔註14〕

　　雖然駱以軍作品中對「外省第二代」身分所帶來的種種尷尬，多少如王德威所言，是一種「誇張外省第二代孤臣孽子的姿態」〔註15〕，但駱以軍對「遷徙者後裔」身分的念茲在茲，也成為他追溯自身血緣之由來的動力。姓氏這個直接關聯到血緣與族群關係的稱代符號，自然也就成為他思索的議題之一。

　　姓氏既然在某種程度上標示著家族的源起與承繼，對漂鳥般的外省第一代來說，在這塊土地上傳宗接代、繼承香火，似乎就具有做為自己「落地生根」象徵的重要意義。以致《月球姓氏》中有這麼一段先從母姓，後轉父姓

2003年11月初版），頁173～196。
〔註13〕見駱以軍《月球姓氏》（台北：聯合文學出版社，2000年11月初版），頁76。本節中再度引用此書時僅註明頁碼，不另加註腳。
〔註14〕見駱以軍《遠方》（台北：印刻出版公司，2003年6月初版），頁58～59。
〔註15〕見王德威〈我華麗的淫猥與悲傷〉，收錄於駱以軍《遣悲懷》（台北：麥田出版，城邦文化有限公司發行，2001年11月初版），頁15。

－33－

的複雜轉折:「我哥哥,曾經在他出生前到小學畢業前的那十來年裡,頂著一個和我不一樣的姓。……原本我哥是同我娘姓張,我和我姊同我爸姓駱。」(頁47)對這段姓氏轉換的過程,駱以軍的解釋是:

> 這段姓氏變遷的過程,暗喻著我父親作為一遍移漂鳥的第一代,以及我阿嬤作為無神主牌的養女世系,兩個漂泊者對於各自出資的受精卵(我哥?),某種各自極度匱缺極度憧憬的姓氏幻念的強悍意志之對決。(頁48)

但是在這段姓氏繼承的角力賽中,成為「競爭對象」的哥哥,又該如何認定己身的定位與歸屬?每當與家人爭執時就會在某種象徵意義上被「屏除於駱姓家庭之外」的他,要如何確認自己的身分,或是建立對「駱姓」/「張姓」的血緣認同?

> 在我哥頂著和我不同姓而我喊他哥的那段童年時光裡,他的內心,是經歷著怎樣的和這一家人的認同呢?……幼時和我哥、我姊發生劇烈爭吵時,我(或我姊)有那麼一兩回,為了某種有效的攻擊欲望,去碰了那個陰暗的按鈕,對我哥說:「反正你和我們是不同姓的。」我哥會迅速暗下臉來,有一回他甚至嚎啕痛哭……
> (頁47~48)

在此,我們看到以姓氏做為身分認同表徵時,不免會陷入這樣的困境:同樣的個體、同樣的組成分子,在轉換姓氏符號時,難道就同時轉換了身世、血緣嗎?事實顯然並非如此。然而依賴姓氏傳承做為家族的象徵,卻始終是上一輩的信念,這在駱以軍養女出身的阿嬤身上,可說發揮得淋漓盡致。

作為「無神主牌的養女世系」的阿嬤,不僅同時供奉生母的周姓祖先與養母的張姓祖先,為了安頓那人丁不旺的張姓祖先們(分別來自她的養母、同居人、與兩個不同家庭的張姓養女),更是費盡心思。然而這場苦心安排的姓氏接龍,表面上看來天衣無縫,卻毋寧更像一場荒謬突梯的家族喜劇:

> 我想像著那些祖先們互相客氣地併挪著位置,讓大家都可以擠進那一塊小小的神主牌位裡。他們並寒暄打屁:「啊,你好你好,貴姓?」「姓張。汝咧?」「哇嘛姓張。」「真巧。」「是啊,真巧。啊這邊這位?」「我嘛姓張。」「有緣,有緣。」……他們擠在那兒,有點不安但又頗僥倖地看著神桌下,一個和他們同姓氏的男孩,孤伶伶地拈香祭拜著。那個男孩,就是我哥。(頁50)

而這個男孩拈香祭拜之時，又怎麼能夠理解這場複雜的身世遊戲？他所頂的那個姓氏，只是三個恰好同姓卻不同淵源家族——阿嬤的養母一系、阿公一系和母親的生父母一系——的綜合體。姓氏在古代原本是做為家族、身分、甚至門第的象徵，同姓不婚的傳統，就是因為避免近親通婚的考量所產生的。然而事實上，許多姓氏早已在歷史的長河中經歷複雜的變遷，再加上氏族的遷徙流動，單憑姓氏，已難以做為判斷一個人家世背景或是出生地的絕對依據。因此，姓氏與其說具有血緣與身分認同表徵的實質意義，不如說是象徵意義——一如那將眾多來源不同的張氏家族，擠進一塊小小神主牌的阿嬤，畢生所致力追求的。

從《月球姓氏》，我們看到姓氏做為標示家族來源、建立自身血緣歸屬的稱代符號，固然有其一定的意義，但另一方面來說，卻也可能只是武斷而模糊的身分象徵。相對而言，名字屬於個人專屬的符號，所指稱的是個體自身而非其身後面容模糊的「列祖列宗」，似乎更能建立個人的主體性與自我價值。然而事實上，家人長輩在孩子出生時（甚至出生前）經過取名這個儀式所賦予子女的稱代符號，除了寄託父母對子女的期待之外，仍不免呼應了家族的意識型態，「召喚」了特定族群的認同符碼。但是，如果命名的人是自己而非父母長輩，情況是否會有所不同呢？郝譽翔的小說《逆旅》，就由這樣的角度，思考名字與「身分」的關係。

三、名字——指向「宿命」的寓言？

《逆旅》由自己的命名做為全書開端：「九歲以前，我的名字是極為難寫的兩個字，『蘊懿』……這一個父母賜予我的名字彷彿捆滿了糾結的麻線，回憶起童年，除了沉默、憂鬱、多病、瘦弱之外，別無所有，正符合這個名字所勾勒出來的一切意象。」〔註 16〕九歲那年，郝譽翔的母親在一本姓名學的書上，發現「郝蘊懿」這個姓名筆劃竟代表了：「主剋父母，畢生辛勞，憂悶成疾，家無恆產」，立刻選了數十個吉祥的名字讓郝譽翔自己挑選，一眼選中「翔」字的她，似乎也同時選中了「聰明過人，快樂無憂」的未來，而得以「重獲新生」（頁 20）。長大之後，郝譽翔更發現，為自己命名，似乎是一個「家族傳統」：母親在六歲那年，因日本戰敗，學校禁止使用日本名字，靈機

〔註16〕見郝譽翔《逆旅》（台北：聯合文學出版社，2000 年 3 月初版），頁 19～20。
　　　　本節中再度引用此書時僅註明頁碼，不另加註腳。

一動將自己的日本名「敏子」與妹妹的「秋子」併在一起，爲自己取名「秋敏」（頁 22）；父親郝福禎則是在逃難時爲求避禍而頂替死者「郝青海」之名，改名之後的父母，命運彷彿也隨即與新名字相連——

> 因爲名字有個「敏」字，所以母親天生心思複雜，……不過，「敏」
> 字也含有過敏的意思，所以母親一沾到酒嘴唇就會腫起來，吃海鮮手
> 臂會冒出蕁麻疹，而天氣一變化便噴嚏狂打不止。……而我父親取名
> 的過程就更加戲劇化了。他出生在山東一個小縣的農村，是家中的頭
> 胎兒子，長輩寄予無限的厚望，遂取名福禎，……然而一個人的福氣
> 抵擋不住整個民族的流離。民國三十八年，他跟隨學校從大陸一路流
> 亡到澎湖，學生被軍隊強行收編，他不願意，只好頂替個假名，改叫
> 作青海，逃到台灣。原本生長在黃土地中的父親，從此就再也沒有離
> 開過這個被海包圍的小島，名副其實的青海。（頁 23～24）

「一個名字指向一個宿命」，這樣傳統的姓名學與宿命論觀點，表面上似乎就是《逆旅》所要提供閱讀者的訊息，但事實並不盡如此。從郝譽翔對自己與家人命名經過的陳述和思索，我們仍可看出她對「名字」、「身分」、「命運」與「意志」之間的關係，仍有許多的懷疑與不確定。她對自己名字的自豪，並不是因爲它代表了聰明與富貴，而是因爲她早慧地選擇了一個「與眾不同」的名字，而非「美、玲、香、霞、雪之類的字眼」（頁 20）。在此我們看到名字與建立身分認同、自我價值間的關係：一個「獨一無二」的名字，似乎可以代表自身的獨特性，做爲建立自我概念時的第一個指標，優雅與獨特的名字，似乎就成了自己與他人不同的「佐證」。但是，並不是每個人都能夠擁有與眾不同的名字，當自己的名字與他人相同的時候，名字做爲「個體專屬」的意符之功能似乎也受到質疑與挑戰，以致郝譽翔在翻閱電話簿發現九個與母親同名的人，並好奇地選擇其中之一撥過去，卻聽到話筒彼端傳來沙啞的男音之後，從此覺得「這個男音在日後一直干擾不休，只要我一想起母親，他就會立刻跳進我的腦海裡，和母親的形象交疊在一起，忽男忽女，忽遠忽近。」（頁 23）毫不相識的陌生男人，竟會和母親的形象交疊混淆，正說明以名字代表身分的武斷與限制。

再者，名字原本承載著家族長輩的期待與祝福，從而「召喚」了特定的身分認同，換句話說，名字和身世、身分，同樣都是在出生之始即「被決定」的，但透過自己命名的過程，個體彷彿也得以拿回對自我命運、身分的決策

權。當人們選擇為自己改名時，「名字的選擇成為一個人塗銷自己出身的手段，目的只是為了取得一個『通行證』，……儘管有人取名是為了抹掉自己的過去，但也有人是以新的名字期許未來。」〔註17〕——就像張大春的祖父在日軍佔領濟南，成立了十二個特務機構之後，一方面不想招惹濟南方面日軍的疑忌，又不願為了避差而從此困處一鄉、坐以待斃，便選擇改名「兆榮」到桓台擔任縣署秘書兼財政科長一職。祖父不僅認為自己改名兆榮是件「再對不過的事」，更「從此告別了過去的『宗周』、『伯欣』，看似又獲得了新生命。」〔註18〕正是人們選擇以改名作為「塗銷自己出身」、「以新身分重新開始」的典型例子。

但是，「名字」與「身分」間的關係，仍不免和姓氏一樣引發如下的思索：轉換了名字，難道真能因此「改頭換面」？以郝譽翔來說，當她擺脫了「蘊懿」二字，就可以脫離憂鬱多病的身軀，從此「快樂無憂、重獲新生」嗎？其實就連郝譽翔自己，也不免質疑「郝蘊懿」仍隱藏在她的心中：「那個憂鬱、哀愁的『郝蘊懿』到哪裡去了呢？她一直停留在九歲的頑皮年紀，幾十年過去了，卻還常常突如其來的跳進我的身體，扭曲我的四肢，撕裂我的五官，就是想要把郝譽翔趕出去。」（頁20～21）取得自己命名的決策權，並選擇擺脫「不吉利」的名字，究竟是擁有主宰自身命運的權力，抑或只是弔詭地重複著傳統的宿命觀而不自知？則是個耐人尋味的問題。

但是，郝譽翔和她的母親，重新命名的原因雖不盡相同，畢竟都算是「自己選擇」了一個全新的名字。相形之下，冒名頂替死者「郝青海」之名的郝福禎，透過名字建立身分認同的過程，則有更多的焦慮與不確定，以致他多年以來，不但認為這個「不吉利」的名字帶來「被海包圍」的下半生，甚至好像是在「幫別人過下半輩子」似的：

> 他怕有一天郝青海會突然向他走來，跟他說，請你把我的命還給我。然而他轉念一想，到底是誰被誰奪去呢？……他這一輩子四處流浪，無以為家，都是因為他頂替了這個不吉祥的名字，本來該是郝青海受的苦難，現在反而全都算到他的頭上來了。……這一切，都是那個叫做郝青海的惹的禍。（頁118）

〔註17〕見哈羅德・伊薩克（Harold R Isaacs）著，鄧伯宸譯《族群》（台北：立緒文化有限公司，2004年11月初版），頁128。

〔註18〕見張大春《聆聽父親》（台北：時報文化出版公司，2003年7月初版），頁175。

名字與身分之間可能產生的混淆感，恐怕莫此為甚。

由上述的討論，已可看出用姓名做為身分認同表徵的片面與有限。姓名不可能完全代表一個人，更不可能將人套限在某個宿命裡 —— 否則同名的人豈不都應該會具有相同的身分與命運？然而姓名又的確象徵著個體之所由來、整個家族的期許，甚至背後複雜糾葛的意識型態，因此必然對個人的認同觀、對自己命運的認知與理解、乃至於個性的形成或行為造成一定影響 —— 郝譽翔認定名字象徵她的早慧，名字因此成為她形塑「聰明過人」的自我認同時的一個助力；郝福禎認定「郝青海」象徵不祥與苦難，對自身苦難的感知與怨尤便可能愈發強烈，從而形塑了苦難的後半生。姓名對每個人來說都有一定程度的重要性，雖然它不足以完全代表身分，卻又確實召喚出某種身分，並對人的自我認同產生作用與影響。誠如伊薩克所言，在所有認同的符號中，名字是最簡單、最實在也最明顯的，然而它或許也是其中最複雜的一個。〔註19〕

第二節　性別、身體與認同

一、性、性別與身分

除了姓名之外，性別或許更是在出生前就受到父母與家庭期待關注的焦點。然而男孩和女孩除了天生的生理差異（「性」（sex）的差異）之外，他們對「性別」（gender）身分的認定，很大程度卻是受到後天養成的影響。事實上，嬰兒從出生之始，就幾乎無法自外於社會所建構的性別區分。如同 Chris Shilling 所指出：「嬰兒衣物的大眾化，像是女孩穿著粉紅色衣服，男孩穿著藍色衣服，在在都顯示了：當身體之間沒有任何意涵存在時，為了使附屬於兩性差異的重要性得以繼續存在，所以人們必須對男孩與女孩的差異性予以強調。」〔註20〕

而前述阿圖塞對召喚的解釋，也可用在對性別的理解上。根據阿圖塞的說法，那個將成為主體的人（subject to be）只不過是在「變成」一個有性別

〔註19〕 參見哈羅德・伊薩克（Harold R Isaacs）著，鄧伯宸譯《族群》（台北：立緒文化有限公司，2004 年 11 月初版），頁 110。

〔註20〕 見 Kathryn Woodward 等著，林文琪譯《身體認同：同一與差異》（台北：韋伯文化出版公司，2004 年 9 月初版），頁 114。

的主體（男孩或女孩），只是在「找到」「它」的位置。〔註21〕這段話的意思是說，就像小孩本來只是「它」這樣一個沒有性別之分的存在，但是家庭教育和養育過程其實都已事先依他們對性別的認定，去指定了小孩的性別身分，所以小孩必須從「它」變成「他」或「她」。就如同警察「喂！你！」的召喚一般，當父母說：「是男孩！」或「是女孩！」時，孩子就因此被召喚成「男孩」或「女孩」的性別主體。如果觀察過去社會在期待男丁的心態下，父母將女兒當男孩養的例子，會發現這些女孩們雖然「性」（sex）是女性，但「性別」（gender）卻是男性。楊步偉對童年時期的回憶，就是最好的例子：「因為他們叫我叫小三少爺，給我穿的衣裳又像個小三少爺，那麼我的舉動也就更像小三少爺了。」〔註22〕這也呼應了性別分析理論所主張的：「性別是文化產物」，「『男性』或『女性』並不取決於生理構造，一個具有男人生理構造的人可能佔有女性定位，扮演女性角色；反之，一個生為女體的人亦可能佔有男性定位，扮演男性角色。」〔註23〕可見後天教養對性別身分建構的影響，或許遠勝兩性天生的自然差異。

　　事實上，性／性別差異等議題，仍然是個爭論不休的領域。儘管不少兩性研究的成果已經發現：「無論是在智力上、性格或其他個人特質上，男女之間完全沒有重大的差異。就算在智力、性格或個人特質上有所差異，但是這些差異要比性別內部的變異來得微小。」〔註24〕不過無可否認的是，對所謂「男子氣概」（masculinity）與「女性特質」（femininity）的刻板印象，仍普遍存在：例如男性更具競爭性、攻擊性、強壯、主動；女性則應溫柔、體貼、被動、服從等等。因此主體在被召喚為「男性」或「女性」之後，往往就在

〔註21〕　見 Althusser, Louis "Ideology and Ideological State Apparatuses." *Lenin and Philosophy and Other Essays*. Trans. Ben Brewster. New York: Monthly Review,1971, 176.

〔註22〕　見楊步偉《一個女人的自傳》（台北：傳記文學出版社，1967 年 8 月初版），頁 31。陳玉玲在〈女性童年的烏托邦〉（收錄於《中外文學》292 期，1996 年 9 月，頁 103～130）一文中，舉出冰心、楊步偉、應懿凝、戴厚英、方掬芬等人的童年自述為例，由於她們自小被當男孩照顧與教養，身著男裝並被稱呼「少爺」或「大哥」，而傾向於認同男性的性別角色。

〔註23〕　見邱貴芬《仲介台灣‧女人：後殖民女性觀點的台灣閱讀》（台北：元尊文化有限公司，1997 年 9 月初版），頁 180。

〔註24〕　見 Bob Connell 著〈男人的身體〉，收錄於 Kathryn Woodward 等著，林文琪譯《身體認同：同一與差異》（台北：韋伯文化出版公司，2004 年 9 月初版），頁 339。

社會文化的期待下，學習扮演好自己的性別角色。至於學習的對象，則多半是身邊的親人。不過如果作爲參照指標的親人，並不是一個十分「稱職」的性別角色扮演者時，對主體建構性別身分又會造成什麼樣的影響呢？這個問題的答案，本節稍後會試著從郝譽翔和鍾文音的作品中找到線索。

另一方面，主體在建構性別認同的過程中，也不盡然就會毫無疑問地去接受這種被指定的性別位置，性別特質雖然有社會文化建構的面向，但是個體也可能對既定的性別刻板印象感到質疑，對於自己是否就要服膺被指定的性別身分感到不確定，轉而重新探索自己的身體，思索諸如性、性別、身體與文化之間夾纏的關係。觀察駱以軍和張大春的作品，除了可以看到男性對身體、性與性別等問題的思考之外，透過對這幾位不同性別的作家作品之分析，或許也可以做爲進一步理解男性和女性作者對性別、身體的問題關注焦點有無差異之參考。

二、女性：性別角色的學習與困惑

郝譽翔在《逆旅》一書中，有這麼一段關於母親的描述，正足以代表主體在建構性別認同的過程中，若參照的學習對象不具備傳統的性別特質時，感受到的矛盾：

> 我常懷疑母親可能不是一個女人，她是上帝的惡作劇，在女人的身體裡面錯置男人的靈魂。每當母親走路的時候，就像國慶閱兵大典的女兵，兩隻手機器似的快速擺動，……她煮菜時經常忘記加鹽巴，卻還能吃得津津有味。最可怕的是，我念中學時，她自告奮勇要幫我剪西瓜皮頭髮，拿著那種裁縫用的大剪刀，一不小心，剪刀就刺得我脖子上血跡點點，……有時候母親也會造作出女性的姿態，但卻好像戴上一張不合臉的面具似的，我總覺得好可怕，那絕對不是她。或許因爲這個緣故，我一直以爲我也是個男人，而討厭那些長得像女人的人們。可是我的父親愛女人，所以他不愛我們。（頁157～158）

由於母親「不像女人」，導致女兒也覺得自己「是個男人」，似乎印證了社會學習對性別認同的影響力。但弔詭的是，這並不表示認爲自己「是個男人」的女兒就此以自身的性別越界，顛覆了關於兩性的刻板印象並認同男性特質，相反地，如果進一步細究郝譽翔所舉出「母親不是／像一個女人」的「證

據」：走路不夠斯文、不會煮菜、女紅不佳，可以發現她仍是用傳統的兩性價值判斷來評論母親，也就是說認為具有與她母親相反的那些特質才算是「標準／理想女人」，這種認定基本上仍是服膺性別刻板印象的。

這段文字最值得玩味的地方還不在此，而是最後的結論：「我的父親愛女人，所以他不愛（不像女人的）我們」。渴求父愛卻無法得到滿足的女兒，試圖找出不被愛的理由。如果得到父愛意味著符合父親的期待——成為（理想的）女人，這也將是女兒對自己性別角色的認定與期盼，然而父母的失和導致女兒無法順利得到父愛，女兒將此歸因於母親「不像女人」，所以父親不愛她。但是女兒的性別認同為何不繼續朝著成為「標準女人」努力，讓父親更愛自己，反倒轉為向不像女人的母親靠攏與學習？隱藏在潛意識中的答案或許很簡單：因為如果女兒真的成為一個服膺傳統價值的理想女人，卻仍得不到父愛的話，她將無法處理這樣的挫折，與其如此，還不如選擇改變性別認同要容易一些。透過複雜的心理機制之運作，女兒從此認為自己像個男人，或者「是一個很中性的人」〔註25〕，但從以上的分析，不難發現這樣的性別認同，並非因為她抗拒女性角色，而是恰好相反，只是缺乏父愛的她，壓抑了自身對女性身分的認同。

另一方面，鍾文音筆下的母親，同樣不符合傳統性別角色，她「在女兒面前總像個男人婆，像是不斷提醒她太嬌弱無法生存。」〔註26〕但鍾文音對此的態度和建立性別認同的過程，卻與郝譽翔不同，有趣的是，她似乎反而因此更符合了所謂的女性特質。鍾文音曾如此形容自己：「家中唯一的女孩，又是老么，無性別困擾。我非常記得『女』人家該有的樣子，女體的容貌。」〔註27〕此處的「無性別困擾」，指的正是她對女性身分及特質的認同，但這並不代表她就對「身為女性」這件事毫無疑惑，相反地，她曾在訪談中提到：

> 身分跟認同小時候會是一個干擾，不過我對於身分比較多的感受性倒不是認同台灣還是中國這個部分，而是為什麼我是女生？在性別認同上的痛苦大過於國族的痛苦，所以為什麼我的寫作也比較傾向於這個部分，是因為我覺得那真的是肌膚之痛。因為我上面都是哥

〔註25〕見蔡依珊採訪〈郝譽翔：游移兩座乳房的無性靈魂〉，《野葡萄文學誌》2004年9月號，頁48。
〔註26〕見鍾文音《美麗的苦痛》（台北：大田出版公司，2004年10月初版），頁172。
〔註27〕見鍾文音《昨日重現》（台北：大田出版公司，2001年2月初版），頁63。本節中再度引用此書時僅註明頁碼，不另加註腳。

哥，我被對待的方式比較不一樣，所以我對性別的痛苦比較大。我
覺得女生有很多的不方便，所以我的家族史也是從女性、母系開始
寫。〔註28〕

「無性別困擾」和「在性別認同上的痛苦較大」看似矛盾，其實不然。她選
擇接受自己的女性身分和角色，但仍然需要學習如何適應與扮演這樣的角
色。不過她的「學習環境」看來卻似乎並不理想：家中只有兄弟而無姊妹，
母親又「總像個男人婆」，這樣的母親卻教養出相當符合女性特質的女兒，豈
不是又和之前所說的社會學習等論點發生衝突？要回答這個問題，必須先審
視鍾文音是透過何種途徑，建立她自身的性別認同。

在《昨日重現》一書中，鍾文音如此描述童年時為母親扣胸衣的回憶：
「我聞到了母親的體味，我盯著她那厚實的背，以不到十公分的近距離瞧
著，望著汗水從肌膚的毛細孔滲出，累結成圓珠，然後順著地心引力下
墜。……那是少女體味啓蒙的感官經驗，這氣味是地圖，指認母親的肉身帝
國所在。」（頁 66～67）母親的體味之所以對女兒產生特殊的意義，除了牽
引孩子回到嬰幼兒時期對母親的孺慕之外，其實還隱含了「性別認同」的意
義。體味的啓蒙同時也是身體性別的啓蒙，讓女兒在接觸與嗅聞母親體味的
同時，體認到母親除了「母親」這個身分之外，屬於「女人」的那個部分。
與自己同一性別的母親所擁有的身體特徵，也同樣是自己即將或已經擁有的
特徵，對性別的認同與母親的認同，成為終其一生無法完全分割開來的複雜
情感。〔註29〕

不過，體味的啓蒙或許只是朦朧曖昧地觸發主體對女性性別身分的認
同，透過對女性身體的認識與探索，主體得以進一步確認自身的性別角色。
下面這段文字，可以進一步看出母親在女兒「認識女性身體」這件事上所扮
演的關鍵角色：

夏日裡，母親常在沐浴後就光著上身走出氤氳的門外，乳房如大地
之高原凸起。同是女人的我，卻非常懼怕和裸身的母親相對望，僅
僅是在她突然叫喚我時以眼尾橫掃瞥視一晌。然僅只一瞥，卻像雷
光閃電般震撼我兒時的心。我會下意識垂眼瞄了一下自己的胸，很

〔註28〕見附錄四、鍾文音訪談紀錄，頁 325。
〔註29〕本段內容引自拙作〈試論當代台灣家族書寫中的感官記憶〉，《中國學術年刊》
第 27 期，2005 年 9 月，頁 213。

害怕長大的負擔之感。（頁 66）

母親袒露的乳房，成為女兒對未來自己的身體特徵之想像。

女性和男性不同：

> 小男孩很早就開始注意自己性器官的種種反應，因為每次小便的
> 時候，他都要接觸它。當他激動的時候，陰莖就會『自然地』勃
> 起。……可是女性的生理構造卻不允許我們這樣做。我們無法在
> 小便的時候看到自己，我們無法控制小便的流向，我們只能在洗
> 澡的時候接觸自己的下身。〔註30〕

因此對於成長必經的身體變化，女兒透過觀察母親的方式來學習。會在沐浴
後光著上身走出門外的母親，對待身體的態度顯然是自在坦然的，一如面對
女兒成長象徵的初經時，她的反應只是：「輕聲說：『又，哪佇呢緊？妳幾歲
了？』她像是自問自答地又說：『國二，也差不多囉。』然後拉開衣櫥櫃子，
拿了一件她穿過的奇怪造型三角褲，教我如何在底褲多的一塊網布上穿進一
片衛生棉。」〔註31〕絲毫不迴避、扭捏或將其視為禁忌的話題，這分坦然對
於建立女兒對性別、身體的態度自然有正面的幫助。

但是另一方面，部分是因為忙於家計，部分則是個性使然，這位母親的
「大剌剌」其實是全面性的，而不只反應在對待身體這件事上，這使女兒從
小就必須學習如何照顧自己，像是自己洗澡洗頭等。〔註32〕因此與成長有關
的種種儀式與瑣事：不論是購買第一件胸衣、或是每個月必備的衛生棉，女
兒也都必須自己面對。生性羞怯的女兒，學不來母親的坦然，買衛生棉時若
遇上男性老闆顧店，每每說不出口而買成虎標萬金油。〔註33〕雖然少了母親
陪伴的成長儀式，偶而也有值得「慶幸」之處，例如買胸衣時母親並未同行，
因此可以避免她「會在大庭廣眾下大剌剌地把胸衣往我發育堪憐的胸部上一
放一量」〔註34〕的尷尬場面，但從女兒仍舊感嘆母親「在我少女購內衣的儀

〔註30〕見南希·弗萊迪（Nancy Friday）著，楊寧寧譯《我母親／我自己》（上海：
文匯出版社，2004 年 5 月初版），頁 96。

〔註31〕見鍾文音《美麗的苦痛》（台北：大田出版公司，2004 年 10 月初版），頁 55。

〔註32〕鍾文音在〈沐浴焚香〉一文中曾提到「幼童時期就自己洗澡洗頭」的記憶，
當時鄰居看到髒兮兮且乾瘦的她，曾向她母親說：「可別忙著工作而把查某囡
飼死了。」但她母親的反應卻是「伊唔啦，伊命很韌的。」同註30，頁 74。

〔註33〕鍾文音在〈少女，翅膀的初紅〉一文中提到：「以前沒有自助式的超商，都是
到藥房去買衛生棉，要是遇上老闆顧店，我都說不出口，買衛生棉結果卻佯
裝買虎標萬金油。常是等到老闆娘現身，才買到該買的。」同註30，頁 55。

〔註34〕同註31，頁 62。

式裡缺了席」〔註35〕，可以看出過早必須在某種程度上學習「自己長大」的女兒，畢竟在情感上是感到欠缺的，這也是她為何必須不斷地回溯自己與母親的關係，這個部分筆者將在後文進一步加以論述。

從上面的分析，我們看到鍾文音透過嗅覺、視覺等身體感官，去感受與觀察「何謂女性性別」，從而建構自身的性別認同。但回到有關社會學習的問題上，筆者似乎仍未說明何以「像個男人婆」的母親卻養育出符合女性特質的孩子這個問題？其實答案很簡單，因為鍾文音「像個男人婆」的母親，並未真正抗拒自身的女性角色。阿德勒（Alfred Adler）有關性別的觀點，或許可以讓我們進一步了解這其中的差異。阿德勒指出，有些女性會尋求以「男性化」的方式來抗拒身為女性所遭到的限制與壓力，她們因此被稱為「男人婆」或「女中丈夫」，過去很多人相信這些女性先天具有特別的「男性體質」或內分泌，才造成她們男性化的行為態度。但這其實是錯誤的認知，事實上：

> 如果這個反抗朝向我們所謂的「男性化」方向展現，原因很簡單，因為我們只有兩種可能出生的性別，每個人必須依據這兩個範型中的一個給自己定位，或者選擇當個理想的女人，或者選擇當個理想的男人，因此，抗拒女性角色的結果只會顯得「男性化」，反之亦然，這不是什麼神秘內分泌造成的結果，實在是因為在現有的時空裡沒有別的可能之故。〔註36〕

而鍾文音的母親其實並未真正地「反抗女性角色」，相反地，她在許多行為或觀念上甚且十分地「傳統女性」，完全不符合「男人婆」的形象：她善盡媳婦之職，雖然有時不免叨念婆婆曾經虐待她（頁62），但對方年老多病之時，她仍以尋常心照料對方（頁 113～114）；傳統女性必須具備的女紅也難不倒她；在有點閒暇或閒錢時，她喜歡和結拜姊妹去布莊剪布做衣裳（頁67）；打扮女兒時，更是讓她從頭到腳都如同洋娃娃般：「穿洋裝、紅色、腳下套著白襪子，娃娃鞋」（頁 63）；懷抱著傳統「女應要嫁」的觀念，也讓她不時提醒女兒「嫁人的重要性」〔註37〕……。由此我們發現，鍾母的強韌，其實是一

〔註35〕見鍾文音《美麗的苦痛》（台北：大田出版公司，2004 年 10 月初版），頁 62。
〔註36〕見艾弗瑞·阿德勒（Alfred Adler）著，蔡美玲譯《了解人性》（台北：遠流出版公司，1990 年 6 月初版），頁 137。
〔註37〕參見鍾文音《昨日重現》（台北：大田出版公司，2001 年 2 月初版），頁 260～261，其中提到母親時常說「女孩子別毀容了，嫁沒人要」，「女孩子壞了臉就沒人要」等等。另外在筆者的訪談中她也提到：「母親活在那種傳統的『女當要嫁』的觀念中。」見附錄四、鍾文音訪談紀錄，頁 330。

種女人的強韌，如同女兒長大後方體會到的：努力討生活的母親「其實只是希望這樣的氣勢可以嚇走一些男人幫」罷了。〔註38〕換句話說，對女性身分有高度自覺的鍾文音，在摸索學習建構女性特質時，她的母親所扮演的角色不僅並非表面所見的是種阻力，反而可能是一種助力。

三、男性：性、身體與認同

另一方面，男性作家對於身體、性、性別等問題的思考方向，與女性作家則略有不同。基本上，受到傳統男性中心的價值觀影響，在多數的情況下，男孩無疑比女孩更受到父母的期待與歡迎，當他表現出符合所謂的「男子氣概」，如積極、勇氣、主動等特質時，也會得到更多的肯定。在這樣的情形下，選擇認同自己的男性性別，對男孩來講似乎是一個比較順理成章的決定——「既然每個人類都是根據男性的標準來衡量的，……到後來他們便也根據這個標準自我衡量，也就是觀察及詢問自己的行為是否夠『男性氣概』、他是不是『一個百分之百的男人』。」〔註39〕當然，這並不表示男孩建立性別認同的過程就毫無困難與矛盾，根據佛洛伊德的觀點，小男孩在發現性別差異的時候，會經歷性的慾望（喜愛母親）和性的認同（認同卻告訴他應該和父親站在同一邊）互相矛盾的困擾，要解決這種困擾只有一個辦法，就是選擇認同父親，也就是認同自己的性別角色，並斷絕對母親的性慾望。如此一來：

> 小男生會開始朝向「正常的」男子氣概發展，並且會決定以異性對象為其選擇，雖然他得將「女性氣質」的被動性，以及同性性行為的慾望所造成的威脅壓抑下來。不過，比起小女生朝向「正常的」女異性戀者發展所要走的路，小男生所走的路要來得直接了當得多。〔註40〕

因此我們可以發現，就某種程度而言，男性作家張大春或駱以軍的家族書寫和童年回憶，都罕見有關「自身是如何建構男性性別認同」的敘述。這呼應了前述的觀點：相較於女性，男性要建構「正確的」性別認同其實是容易一

〔註38〕見鍾文音《美麗的苦痛》（台北：大田出版公司，2004 年 10 月初版），頁 175。
〔註39〕見艾弗瑞・阿德勒（Alfred Adler）著，蔡美玲譯《了解人性》（台北：遠流出版公司，1990 年 6 月初版），頁 130。
〔註40〕見 Kathryn Woodward 等著，林文琪譯《身體認同：同一與差異》（台北：韋伯文化出版公司，2004 年 9 月初版），頁 292。本段中有關佛洛伊德之觀點亦參照本書，頁 292。

些的，因爲矛盾與困惑較少，書寫自然也就與之相應。

　　但值得注意的是，男性作家對於成長過程中性啓蒙與自慰經驗的著墨，其實也還是男性性別認同的結果：正是因爲認同了「性」在定義男子氣概、男性特質上的重要性，所以與性有關的議題會不時出現在他們的作品中。張大春在《聆聽父親》一書中，就細膩地描述了三歲時初次對身體的好奇與探索：「我祇需要用三根手指頭輕輕地揉搓那個小東西，不久之後，它就會帶給我從來不曾體驗過的喜悅，貫徹整個顱腔和胸臆，甚至還偶爾會傳達到手指和腳指的尖端。……這個快樂的遊戲是所有其他快樂的召喚以及總結。」[註41] 但是當純粹的身體探索從遊戲變成一種禁忌，性的慾望和壓抑成爲小男孩必須經歷的課題 —— 當父親發現孩子的秘密遊戲時，他以自己「玩小雞雞差點淹死在茅坑的親身經歷」告訴孩子：「不許再玩兒了。」（頁51）孩子偷偷地違背著這個禁令，直到念初中的某一天：

> 那是很不一樣的一次。首先，小雞雞看來比以前大了許多。其次，它的周圍稀稀疏疏長出前所未見的、柔軟如絨毛的鬍子。更奇特的是：它後來噴出了灰不灰、白不白、半透明狀的液體。我的第一個反應是從報紙上的小廣告看來的詞彙：花柳病。到此爲止，純粹的快樂一去不返。（頁52）

當女孩進入青春期時，由於有劇烈且明顯的生理轉變 —— 月經 —— 可供辨識，就算再遲鈍的父母也很難不發現，但男孩的性成熟則不然。加上傳統父母對「性」噤聲不談的保守態度，很多時候男孩只能自己去找尋身體變化的答案 —— 一個會「技巧地」將孩子「如何跑進媽媽肚子裡」的生物學問題，轉化爲「你的爸媽都是從山東濟南來的」的歷史問題的父親（參見頁41），怎麼可能會對孩子訴說關於身體與性的知識？而男孩對性的一知半解，則帶來了罪惡感與焦慮，純粹的快樂一去不返，成爲成長所必須付出的代價之一。

　　駱以軍在《遠方》一書中，則細膩地寫出傳統父親把「性」視爲禁忌的保守心態：

> 我記得約在我大一、大二的某一年，有一天恰好剩下我和父親在家。……我父親似乎經過相當的斟酌，才艱難地開口：「我知道有些男孩，在你現在這個年紀，會染上一種惡習。怎麼說呢？是不是叫

〔註41〕見張大春《聆聽父親》（台北：時報文化出版公司，2003年7月初版），頁50。本節中再度引用此書時僅註明頁碼，不另加註腳。

做……手淫。你應該沒有這個問題吧？」我那時又驚又怒，這算什麼？當時我已二十出頭，距我第一次在獨處的憂鬱時光裡，既貪歡又充滿罪惡感地撥弄撩耍自己的生殖器，至少已有五、六年的時光。這個老人怎麼會在此刻才想起該和他的兒子談談性教育？……且他說得那麼猥褻而害羞。我記得那時我在暗影裡羞紅了臉，但我故做天真爛漫狀。我像個小兒子那樣用甜美嗓子說：「那是什麼？」我父親說：「咳……那是一種……怎麼說……那是一種對身體有害的行為……」他似乎如釋重負（這個二十幾歲的兒子，連聽都沒聽過「手淫」這回事），但又不放心地問道：「你真的不知道？有的人把它稱之為自瀆，沒聽過？嗯？」我無辜地搖搖頭。我父親說：「我很高興。」……這便是我們父子難得一次如此貼近隱私的交談。〔註42〕

我們不難發現，父親這段「遲來的性教育」其實和兒子根本毫無交集之處，兒子以乖巧無辜的表情，就可令老父相信他連聽都沒聽過「手淫」這回事，那麼兒子在成長過程中只能靠自己摸索，來認識自身的男性身體與性別，也就不證自明了。

由張大春和駱以軍在描述成長經驗時，均不約而同地指向對性的一知半解與渴望所帶來的快樂與罪惡，可以看出在形塑男性性別認同的過程中，性所扮演的角色——它似乎是通往「男子氣概」的起點。而他們書寫男性身體時，均刻畫出父親衰敗肉體的形象，其實也再次證明他們對於社會形塑的「男子氣概」有相當程度的服膺。張大春在為中風的父親洗澡時，看著他「幾近全禿的頂門，多皺褶且布滿壽斑的脖頸和臉頰、長了顆腺瘤的肩膀、鬆皮垂軟的胸部和腹部、殘留著棗紅色神經性疱疹斑痕的背脊」，以及自身的「源起之地」——睪丸和雞雞時，不禁興起「這老人垮了」的感嘆（頁 12）。駱以軍在面對父親衰老病弱的身體與「逐漸死去」的焦慮時，更不由得以自身的衰老相呼應：「我發現我的唾液分泌變少，頭髮大量脫落，呼吸變淺，常一坐下就打盹，洗澡時檢視自己的陰囊，像隱睪症那樣縮進腔內，以往一天得刮一次的鬍髭竟然那一個月內僅刮過一次，……我正不自覺地被父親的死亡意象吸進那黑洞洞的無重力世界。我正在以加速的衰老哄慰著被死亡驚嚇而撤掉開關的父親。」（頁 187～188）一步步邁向死亡的父親，變成像個需要照料

〔註42〕見駱以軍《遠方》（台北：印刻出版公司，2003 年 6 月初版），頁 253～254。本節中再度引用此書時僅註明頁碼，不另加註腳。

的孩子，茫然無助地哭著：「我想回家，你不可以把我丟在這。」（頁 256）而沉著嗓子說：「撐著，不要難看」的駱以軍，竟和當年因為兒子不敢上學而打了他一頓，說：「我最恨男孩子軟弱。」（頁 252）的父親身影，有了部分的重疊。父與子的身分，在此也發生了某種逆轉。值得注意的是，互相以「不要難看」和「不可軟弱」期許對方的父子，訴說的正是社會對「男子氣概」的傳統期待。

另一方面，父親衰敗的肉體其實是一面鏡子，反映了兒子未來可能的殘敗形貌，父親的衰老與病弱，讓兒子對老化的焦慮無所遁形甚至提前到來。而老化之所以可怕，與其說是老化與死亡之間容易產生聯想，不如說是和「失去男子氣概」的連結。因此駱以軍陪伴病弱的乾爹在醫院小解，無意中看見「這個奄奄一息的老人」「那灰白毛叢中的那話兒」時，竟會有「大得讓他錯愕」的反應。〔註 43〕他之所以感到錯愕，正因為陰莖乃是男子氣概的象徵，而巨大的陰莖是不符合對「已失去男子氣概」的老人之想像的。

如果說老化的焦慮透露出男性對身體形象的期待，是要符合男子氣概的。那麼何謂「具有男子氣概的身體」呢？相較於女性陷入對苗條體態的追求，男子則將「運動、健身房文化，以及健身的狂熱（cult of fitness）」〔註 44〕與男子氣概相連結，為了追求健美的身體，有些男性甚至以服用類固醇來強化肌肉，然而濫用類固醇的副作用，卻包括了不孕和陽萎。這個看似矛盾的結果，說明了「陽剛味十足的外觀，要比男子氣概的本質來得更加重要。」〔註 45〕當然，那些過分熱中於投身健美運動，以鍛鍊肌肉為己任的男性，或許只是少數的極端個案，然而這種對身體的迷思，其實卻是普遍存在的。所以駱以軍的父親在探視得了食道癌的老朋友時，竟會以「所以說要運動……」做為探病的結論，並且開始在這間「六個床位皆躺著癌症末期插著喉管的老榮民的空曠病房內表演起來」：

> 轉體、引體上舉、扭膝、扭臀、彎背屈體、頸部運動。像是時光迢迢走到了終站，唯一殘兵敗將的倖存者，詫異地向七零八落倒在一邊艱難呼吸的夥伴打氣。看哪，我在這兒動著呢！他父親顛著一百

〔註 43〕見駱以軍《月球姓氏》（台北：聯合文學出版社，2000 年 11 月初版），頁 105。
〔註 44〕見 Kathryn Woodward 等著，林文琪譯《身體認同：同一與差異》（台北：韋伯文化出版公司，2004 年 9 月初版），頁 206。
〔註 45〕同前註，頁 212。

> 二十公斤的胖大身軀，像個落單的胖娃兒，自顧自在已失去生命色
> 澤的枯萎老人面前炫耀著「生命」的滑稽情狀。〔註46〕

面對這令人困窘的場面，兒子的反應是覺得「丟臉」，並且感到父親「惹了笑話」，但父親「不合時宜」的行為背後，所反映的其實正是這種把健碩的男性身體、健康與運動之間畫上等號的迷思。弔詭的是，兒子之所以感到如此丟臉，恐怕多少也和父親「一百二十公斤的胖大身軀」來演示「健康身體」的不協調感有關，在他不認同父親行為的同時，卻也不自覺地陷入了同樣的迷思當中。

　　由上述的分析，我們可以看出兩位男性作家在處理身體、性別等議題時，還是深受傳統價值觀對男性身體的想像之影響。更值得注意的是，身體性別等議題在兩位男性作家的作品中，其實並不是他們真正著力關注的焦點。雖然關於性、慾望、死亡的想像與敘述，在駱以軍的作品中一直是相當重要的一環，但身體與性別的認同，嚴格說來並非《月球姓氏》和《遠方》兩書的重點，至於身體在《聆聽父親》一書中的重要性，相形之下就更低了。因為和「家族認同」、「國族認同」等議題相較，「身體感官」顯得枝微末節，似乎不該是男性關心的重點，這也正是男性身體論述長期以來都相當貧瘠的原因。這是社會整體所建構出的結果，自然也無可厚非。但另一方面，這些作品中有關男性身體的書寫至少是一個好的開始，讓男性在回顧自身成長經歷的同時，不致在「貧瘠的男性身體論述中與自己的身體漸行漸遠」。〔註47〕身體絕不是無關緊要的枝微末節，相反地，它是一個媒介，「透過這個媒介，不管是在自己或別人面前，我們使自我成為肉眼可見的物體，並且藉此讓我們自己，也讓其他人知道我們是誰。」〔註48〕

第三節　早期記憶與自我認同

一、早期記憶的意義與重要性

　　如前所述，認同是個人從自我概念的建立出發，進一步衍生為個體與他

〔註46〕見駱以軍《月球姓氏》（台北：聯合文學出版社，2000 年 11 月初版），頁 96。
〔註47〕有關男性身體論述的缺乏及其原因，可參見黃宗慧〈男體：書寫的難題？〉，《文化研究月報》第 10 期，2001 年 12 月 15 日。
〔註48〕見 Kathryn Woodward 等著，林文琪譯《身體認同：同一與差異》（台北：韋伯文化出版公司，2004 年 9 月初版），頁 231。

者歸屬關係之認定,而個人的認同,則是一個人對於他是誰,以及他做爲人的本質特徵的理解。因此要討論自我認同,仍然要回歸到個人自我概念的建立,究竟是如何形成的問題上。要回答這個問題,「個體心理學」(Individual Psychology)中有關「早期記憶」的觀點,或許可以做爲理解自我認同如何形成的參考。

　　個體心理學是由新佛洛伊德學派的創始人之一阿德勒(Alfred Adler)所創辦的,其重要理論主要是認爲人類的行爲都是出於自卑情結,以及對自卑感的克服與超越。另外阿德勒也提出家庭排行與早期記憶對性格的影響。〔註49〕根據阿德勒的理論,人活在意義之中,但意義是由人對現實的感受與解釋所產生,而非現實本身,由於每個人對所謂「生活的意義」解釋各有不同,他們對待生活的態度與選擇的生活方式也就與之相應。人類由初生之始,就會開始摸索追尋生活的意義,因此:

> 在生命開始第五年末了之際,兒童已發展出一套獨特而固定的行爲模式,這就是他對付問題和工作的樣式。此時,他已經奠下「對這世界和對自己應該期待些什麼」的最深層和最持久的概念。以後,他即經由一張固定的統覺表(Scheme of apperception)來觀察世界:經驗在被接受之前,即已被預做解釋,而這種解釋又是依照最先賦予生活的意義而行的。即使這種意義錯得一塌糊塗,即使這種處理問題和事物的方式會不斷帶來不幸和痛苦,它們也不會輕易地被放棄。〔註50〕

　　而想要了解一個人對生活意義的解釋,最重要的方式就是透過記憶,其中早期的記憶又是特別有幫助的。早期記憶之所以重要有兩個原因:首先,它是「個人對自身和環境的基本估計」,是個人對自己和「重要他人」的最初概念;其次,「它是個人主觀的起點,也是他爲自己所做紀錄的開始。」〔註51〕至於早期記憶的「眞實性」──這個事件究竟是否眞的爲個人所能記憶的最早事件?甚至是否爲眞實發生的事件?其實反倒不那麼重要。就心

〔註49〕有關個體心理學之理論,可參見阿德勒(Alfred Adler)之著作:《了解人性》(台北:遠流出版公司,1990年6月初版)、《自卑與超越》(台北:志文出版社,1971年6月初版,1992年7月再版)、《自卑與生活》(台北:志文出版社,1974年8月初版,1989年3月再版)等書。

〔註50〕見阿德勒(Alfred Adler)著,黃光國譯《自卑與超越》(台北:志文出版社,1992年7月再版),頁9。

〔註51〕同前註,頁15。

理學的觀點而言,「記憶的重要性,在於它們被『當做』爲何物、對它們的解釋,以及它們對現在及未來生活的影響。」〔註52〕因此只要個體認爲記憶是眞實的,這個記憶對他來說就一定具有重要性。

　　筆者本節所要討論的,就是家族書寫作品中有關早期記憶的敘述,以及從這些回憶中所透露出的自我認同,這將會是一個新的嘗試。當然,家族書寫並非心理治療,作家所提到的早期回憶,也未必就是他們的「最初記憶」,然而,觀察作品中早期記憶的書寫,仍有其一定的意義與重要性。因爲即便不是「最初」的記憶,這些早期記憶,仍舊能提供我們下列的線索:童年經驗如何影響個體性格的養成,以及他如何看待自己與家人。這對於理解接下來所要討論的家族認同,相信也有一定的幫助。

　　不過,探討這些作品中的早期記憶,還必須面對另一個問題,就是夾雜眞實與虛構的小說作品中,經驗的「眞實性」究竟如何?這種處理的方式又是否太過「對號入座」地將文本內容視爲作者個人經驗的呈現?這當然是個値得思考的問題,但在某種程度上「敘述的眞實性」就如同「記憶的眞實性」一般,並不是最重要的,因爲當作者選擇敘述某個事件作爲小說中敘述者的童年經驗時,這個事件不論眞實性如何都必然有其重要性,就算是虛構的,作者爲何要虛構這個經驗來當做主人翁的回憶?也必然有其隱含的意義。也許正是作家們持續書寫的某個關切主題,把他們帶回了那些早期記憶──不管是重新記起了某些早期經驗之所以揮之不去的原因,或是在試圖理解今日的自己時,建構出那虛實難辨的早期記憶。但記憶可以是虛構的,情感卻是眞實的。另一方面,筆者的重點意在指出,若證諸同一作家不同的文本,會發現早期記憶與自我認同之間的關係在文本中呈現出某種一致性,因此以下的論述將會把同一作家的作品相互對照,避免斷章取義的情況。筆者要強調的是,本文論述的目的並非企圖爲這些作家進行性格的分析,只是希望藉由這個方式,在童年回憶的敘述中找出蛛絲馬跡,看到個體在什麼樣的情境中,逐步建立了「我是誰」的概念。以下將以陳玉慧、鍾文音、駱以軍三人的作品爲例進行探討。

二、孤單的童年記憶:陳玉慧──不要留下我一個人

　　陳玉慧半自傳體的《海神家族》,雖然是一本以敘述者「我」的觀點回溯

〔註52〕見阿德勒(Alfred Adler)著,黃光國譯《自卑與超越》(台北:志文出版社,1992年7月再版),頁15。

家族故事的小說，其實書中提到「我」的部分和回憶卻不多。不過其中一段童年經驗的記憶，卻是相當值得注意的：

> 我也不知道爲什麼，事隔那麼多年，而這個畫面永誌不滅。那是母親將我從外婆家帶回台北的同一天，她連家都沒回便把我帶到幼稚園去，母親說她已和老師說好，要我留在那邊，然後她轉身抱著妹妹要離去，就是那一瞬間，我拉著母親的洋裝一角，死命不讓她走，我不停地哭著，眼睛只看到幼稚園門口的紅木門，和媽媽的洋裝裙角，母親戴著墨鏡抱著妹妹，對我的行爲非常反感，她不明白我有天大的恐懼。那時我才七歲，我用盡力氣哭著。〔註53〕

其實，這段記憶並不見得是最早的記憶〔註54〕，但它之所以重要是因爲在陳玉慧的作品中，這個事件至少出現了三、四次之多。誠如阿德勒所言：「記憶絕不會出自偶然：個人從他接受到的，多得無可計數的印象中，選出來記憶的，只有那些他覺得對他的處境有重要性之物。」〔註55〕既然如此，不斷重述的記憶，對個人來說必定更有其獨特的意義與重要性，而當事件本身並不是愉快的記憶時，重述還意味著該事件對個人來說並未獲得解決，就如同心理諮商時，對個案而言重要的主題總是會再次出現，重要的回憶也藉由不斷地述說，展現出它在個人心目中的地位。

我們不妨試著將下面這幾段文字和《海神家族》中的段落加以對照：

> 由於過度害羞，她一直不會說話，她固執地緊抿緊唇，以防破碎的話語掉出來，她的母親苦心帶她去幼稚園，母親還是穿白色洋裝要去上班，她站在門口，死也不肯進幼稚園，她認爲母親會把她留在那裡，再也不要她。因爲不去幼稚園，她開始說話。〔註56〕

> 我回憶我的童年，但我想不到什麼。六歲以前，我住在台中，被外

〔註53〕見陳玉慧《海神家族》（台北：印刻出版公司，2004年10月初版），頁139。
〔註54〕陳玉慧在《我的靈魂感到巨大的餓》一書中，另有一段關於三歲之前的記憶：「兒時，多久以前的兒時，怎麼回憶？小小的我是被放在公路局巴士的置物架上，做長途跋涉，……那時我有多大？三歲？二歲？我對三歲之前的記憶不是已完全遺忘了嗎？我怎麼還記得這件事呢？我在置物架上睡覺，旅行時是深夜，搭乘的是夜車，父親站著，到了站後，他便把我抱了下來。」（台北：聯合文學出版社，1997年11月初版），頁124。
〔註55〕見阿德勒（Alfred Adler）著，黃光國譯《自卑與超越》（台北：志文出版社，1992年7月再版），頁60。
〔註56〕見陳玉慧《失火》（台北：三三書坊出版，1990年7月初版），頁147。

> 婆撫養，我可能是一個沒人愛的小孩，但什麼都不記得了，我只記得六歲以後的事，那一年，母親將我從台中帶回台北，第二天便送我去上幼稚園，我站在幼稚園門口，怎麼說也不肯進去，我覺得我若進去，我將永遠失去我的父母。〔註57〕

> 六歲那年，母親帶我回台北，我站在一家叫育才幼稚園的門口，不肯進去。〔註58〕

這幾段敘述的內容雖然在細節上稍有出入，例如《海神家族》裡是說母親帶她回台北的同一天就去了幼稚園，《我的靈魂感到巨大的餓》中則是回台北的第二天去上幼稚園，但這並不影響事件本身對個人而言的意義。基本上，早期記憶的敘述中所流露出的情緒經驗，是相當值得注意的。在這個事件中的主要情緒，無疑是恐懼、不安與焦慮，換句話說，這是一個負面的情緒經驗。

另一方面，「環境中的那一個人在最早記憶中出現，是件必須加以注意的重要之事。」〔註59〕這是一個與母親有關的記憶，可見母親在女兒的生命中「重要他人」的地位。更重要的是，這是一個被母親「拒絕」的記憶，對幼小的女兒來說，單獨被放在幼稚園帶來了被拋棄的恐懼，而母親選擇「抱著妹妹離開」更加深了這種被拒絕的感受——在兩個孩子當中，母親選擇了另一個，而她卻是被留下的那一個。於是，「被拒絕」成為童年回憶的基調：

> 我還是孩子的時候，有一個冬夜突然天搖地動，但我昏睡著，毫不知情。睡夢中，母親用力拍打我的臉，「房子快倒了，大家都快死了，你還在睡！」我在夢中醒來，看到母親一手抱著小妹，另一手拉著另一個妹妹，姊姊已不知何時衝到門外，母親說完話便不理會我，抱拉著妹妹往外走。〔註60〕

這個回憶所訴說的，仍是被母親拒絕與忽略的感受，地震時熟睡的自己是母親最後一個通知的對象，母親甚至不等待她就「抱拉著妹妹往外走」，自己似乎永遠是不被選擇的，永遠是被留下的那一個。

由上述的分析可以發現，關於幼稚園的早期記憶提供了兩個線索：其一

〔註57〕見陳玉慧《我的靈魂感到巨大的餓》（台北：聯合文學出版社，1997年11月初版），頁106。
〔註58〕同前註，頁125。
〔註59〕見阿德勒（Alfred Adler）著，黃光國譯《自卑與超越》（台北：志文出版社，1992年7月再版），頁62。
〔註60〕見陳玉慧《海神家族》（台北：印刻出版公司，2004年10月初版），頁141。

是母親在她的生命中具有重要的意義，其二則是被母親這位重要他人忽略與拒絕的挫折感，帶來了不快樂的負面情緒感受。孩子會將這種挫折感擴大，成爲她對外在世界與自我的理解：「我是不被愛的」、「我是不被選擇的」。她不僅認爲自己不被母親喜愛和選擇，也不被生活中的其他大人所喜愛 —— 重男輕女的外婆嫌她「愛哭，一隻眼睛大一隻眼睛小」〔註61〕，渴望當花童的她更只能羨慕著別的小女孩穿著薄紗禮服參加婚禮：

> 她看到一個小女孩穿著白色的薄紗禮服，當了人家結婚的花童，她親眼看到整個結婚的過程，心中對那樣的事情充滿欣羨，<u>大人都沒找她</u>，她太瘦了，又不愛穿鞋，眼睛一個大一個小，一張看透悲傷的臉，她遺憾自己不曾當過花童。對六歲的小孩來說，她是過於敏感了，過於悲傷，她的臉孔好像在說明自己不願來到這世上。〔註62〕
> （底線爲筆者所加）

藉由這些回憶所架構出的立體圖像，我們看到一個敏感、悲傷、渴望得到愛的小女孩，懷抱著被母親拒絕的孤獨與憂傷，這是一個不快樂的童年世界。而如果這些不快樂的童年經驗，讓孩子因而建構出「無家」與「孤獨」的感受，也是不令人意外的。

不過值得注意的是，由於早期記憶是個人成長後所回溯的童年經驗，因此早期記憶並非影響個人自我認同的「原因」（眞實的經驗才是），這是因爲早期記憶不僅有可能是個人在聽到家人講述過去的事件時，誤以爲是自己所記得的經驗，它甚至也可能是個人想像出來的虛構產物。但正如前面所提過的，早期記憶的眞實性並不重要，只要個人認爲那是眞的，它就具有一定的重要性。因此與其說它是影響孩子性格發展的「成因」，不如說它是理解個人自我概念的線索，早期記憶能夠暗示我們：「什麼將會發生和發展以及如何發生的表徵。它們指示出朝向目標的活動，並指示出什麼困擾必須克服。」〔註63〕以上述的分析爲例，女兒要克服「無家」與「孤獨」的感受，因而產生了書寫。無家感讓她重新回顧自己的家族故事，從而在寫作之後得到某種釋懷；〔註64〕而「孤獨」的感受儘管仍舊如影隨形，但當她體會到「每個人

〔註61〕 見陳玉慧《我的靈魂感到巨大的餓》（台北：聯合文學出版社，1997 年 11 月初版），頁 125。

〔註62〕 見陳玉慧《失火》（台北：三三書坊出版，1990 年 7 月初版），頁 146。

〔註63〕 見阿德勒（Alfred Adler）著，黃光國譯《自卑與生活》（台北：志文出版社，1989 年 3 月再版），頁 103。

〔註64〕 參見明夏〈丈夫以前是妻子 —— 評論家丈夫明夏專訪小說家妻子陳玉慧〉，

每一刻都是孤單的。只是別人拒絕體會，而後幻覺的以爲自己有所依靠。……可是，對我而言，孤獨並不可憐。我倒覺得它是一種高貴的情操。」因爲「唯有在孤獨的時刻，才能凝聚精神與自己的靈魂對話」〔註65〕，她就已經克服並昇華了孤獨的感受。這或許是個漫長的自我發掘之旅，可是只有當個人願意看到並面對自己，克服困境才會成爲可能。

三、畏怯的童年記憶：鍾文音──不安的夜市之旅

鍾文音的散文《昨日重現》，由於是透過物件、影像的線索來書寫童年與家族的記憶，因此自然不乏有關早期記憶的敘述。有趣的是，其中描述的「最早」記憶，乃是一段與母親完全不同版本，因而無法區分究竟是否屬實的記憶。那是一段關於祖父仙逝的回憶：

> 那是某日的午後，下了工的我爺爺對著家人說他要趴在木桌上睡一
> 會，大家不要吵伊。據説午後斜陽收起激艷時，有人去搖了搖祖父
> 的肩頭，卻發現祖父已辭世。……奇特的是，我對祖父的葬禮完全
> 沒有記憶，於是他似乎不朽。據説當時我生病，很多人以爲祖父要
> 把我一起帶走。我只停留在他仙逝的那個午後黃金印象裡，……然
> 而母親恥笑我的記憶，恥笑我的紀實能力，輕估我的魔幻想像，她
> 説我怎麼可能有經歷過祖父的死亡與葬禮呢？妳根本還沒出生啊！
> 我聽了啞然，怎麼可能怎麼可能，那爲何每一幕皆歷歷如昨。……
> 我則懷疑母親的記憶，或許母親不相信幼兒之靈也有記憶吧。……
> 她並指正我，伊説祖父是病逝的，……母親否定祖父的仙逝，一如
> 她生來就否定「死亡」這個朋友。〔註66〕

母女倆的記憶版本究竟何者屬實或許並非不可考，但這段記憶最重要的部分並不在此，而是其中透露出的其他訊息。在母女兩人對祖父去世的經過如此迥異的記憶中，已可看出母親與女兒性格上的對比：女兒選擇只「記憶」或「想像」祖父仙逝的午後，而將之後的葬禮排除在外，從而讓心目中具有傳奇色彩的祖父得以不朽，某種程度上可以看出她個性中浪漫的一面。另外，

收錄於陳玉慧《海神家族》（台北：印刻出版公司，2004 年 10 月初版），頁
324～327。

〔註65〕見江斐琪〈陳玉慧樂做無家的人〉，《中國時報‧37 版》，2002.5.20。

〔註66〕見鍾文音《昨日重現》（台北：大田出版公司，2001 年 2 月初版），頁 148～
150。本節中再度引用此書時僅註明頁碼，不另加註腳。

祖父無疑也是她生命中的「重要他人」，祖父說她「身體裡住了六個靈魂」
〔註 67〕，對她來說不僅是一則生命的預言，也是自己「從小對什麼事都有
興趣」〔註 68〕的性格之驗證。相形之下，母親則恰好與浪漫的女兒相反，
她講求實際，「死亡」於她永遠不可能有任何一絲美化或浪漫化的可能。母
女兩人的性格，事實上已經決定了她們選擇的記憶模式。

　　另一方面，兩人迥異的個性，也造成了母女間的矛盾甚至衝突，母女之
間糾葛的複雜情感，在本文第三章將會有更詳盡的分析，在此筆者想舉出一
個在鍾文音不同文本中反覆出現的記憶主題：與夜市相關的早期記憶，藉此
檢視母親在她生命中的重要性，以及對她人格養成的影響。

　　鍾文音與母親的夜市之旅通常是以下列的「流程」進行著：

> 通常會一起吃肉圓，然後逛每一攤的衣物。我看中的，母親嫌醜；
> 母親看中的，我看不上眼；最後每每是我妥協，因為出錢的是她。
> 如果我定要買自己挑的，母親有時付了錢，卻在回頭路時不知想起
> 了何事而叨唸我整晚，叨唸到最後就把她的一生悲苦一起訴之於途
> 中，……母親音量越提越大聲，我當時總以為她搞不好一扭頭就要
> 給我一巴掌也說不定，母親兼且恐嚇說回家要把新買的衣服給剪
> 破。後來是每一回都沒剪破，所以穿新衣照相，物件被保留了下來。
> 然我每當看相片，背後竟是一堆吵雜的畫外音，像是當年行走於夜
> 市，深恐得罪母親的多種害怕交雜在心裡。（頁 64）

而每回的「乘興而去敗興而歸」幾乎總是如出一轍：

> 那回，我和母親及表姊三人逛夜市時，母親不知怎地在購買兩套洋
> 裝後的回程生了氣，約是突然算計起生活，心疼起錢來，就心情大
> 壞，開始數落我們的不是。一路上，我很害怕地以小步伐跟著，不
> 敢稍有回話。（頁 192）

> 有時母親在逛夜市前的熱絡會突然在返家後變調成冗長的疲倦，她
> 眼澀腳痠地算著皮包內的錢，然後突然開始叨唸且一發不可收拾，
> 於是生活哀怨湧然而生，竟就暴怒起來，把我們先前在夜市仔細挑
> 選且來來回回討價所買的衣服全部倒出，然後開始找剪刀……每回

〔註67〕見許薇宜採訪〈挖掘，正以一種姿態行進著〉，《野葡萄文學誌》2004 年 10
　　　　月號，頁 45。
〔註68〕同前註，頁 45。

> 和母親逛夜市返家後的必然畏懼，總是深怕她不開心。當我躺在黑
> 暗的床上時，我發誓要自己和好友一起逛夜市，我再也不要和容易
> 疲倦又容易動氣的母親一起逛夜市。〔註69〕

母親的易怒讓夜市之旅在記憶中成為難以磨滅的鮮明印記，雖然我們無法得
知這三段回憶的確切年歲，但由於這項活動至少由童年階段延續到少女時期
〔註70〕，而其模式又相當一致，因此從這段關於母親的記憶中，已可略窺母
親對女兒在性格與情緒上造成的影響。

在上述關於夜市的回憶中，母親的暴躁和女兒的膽戰心驚是其中情緒記
憶的主調。母親情緒的劇烈轉折，令女兒「害怕」且不敢回話，「畏懼」成為
最足以說明女兒年幼時對母親的感受之字眼。而這也成為她理解自己性格養
成的關鍵之處，回顧童年與母親的關係時，她如此分析：「往昔我極端恐懼見
到她，恐懼者會形成性格畏縮。」（頁68）而恐懼的原因正是母親那會因疲倦
或任何理由突然翻臉的壞脾氣：

> 我小時候的怯懦個性有一半其實來自於母親的陰晴不定與使壞的脾
> 氣。母親卻說：「唉，生妳時忘了在床下給妳放顆石頭壯膽。」我聽
> 了總暗自不信，當時母親若打個噴嚏，總是把正在做功課的我嚇得
> 字體頓然寫歪，所以我早深信自己的畏怯是源於畏懼母親。（頁 82
> ～83）

有趣的是，母親對於自己造成女兒畏怯的性格卻渾然不覺，反倒歸因於「沒
放顆石頭壯膽」。然而任何人際的相處模式中，都必然要當事人察覺問題所
在，關係才有改變的可能，因此母親對待女兒的態度始終如一，敏感的女兒
一方面畏懼這樣的母親，一方面則開始思索母親和自己的強烈對比，母親的
壯大、強勢和嬌小內向的她完全成反比，讓她從小就開始思索「我會什麼會
出生在這個家？誰注定我有這些個性的家人？」〔註71〕這促成了她的早熟。

〔註69〕見鍾文音《美麗的苦痛》（台北：大田出版公司，2004年10月初版），頁57
　　　　～58。
〔註70〕〈在夜市裡沉默的那年夏天──我的第一件胸衣〉一文中，鍾文音提到童年
　　　　時的夜市經驗，包括當時步伐小，每一攤都有興趣，但母親往往已經逛到下
　　　　一攤了，於是跟不上的她常因此亂了方向而哭起來，母親尋來時則往往笑她
　　　　是傻囡兒。由此可見逛夜市的「儀式」是由童年時就開始了。參見鍾文音《美
　　　　麗的苦痛》（台北：大田出版公司，2004年10月初版），頁58。
〔註71〕見許薇宜採訪〈挖掘，正以一種姿態行進著〉，《野葡萄文學誌》2004 年 10
　　　　月號，頁47。

另一方面，與母親的關係也成爲她在整個成長過程中糾葛不清的問題。

在此，早期記憶所揭示出的「朝向目標的活動」與「必須克服的困擾」已十分明顯，就是與母親的關係。母親一方面讓她產生逃離的念頭，例如藉打工之便寒暑假不回家（參見頁 70），另一方面卻仍是召喚她返鄉的力量。〔註72〕對母親的矛盾情感是她要克服的難題，是她的「切膚之痛」，因此也就成爲她書寫時「最切身的議題」。〔註73〕不論是家族書寫或小說，鍾文音筆下的母親，形象總是那麼鮮明，且強悍務實一如她眞實世界中的母親。她曾在《昨日重現》書中〈我的天可汗〉卷前引用佛洛依德的話語：「疼痛都是在記憶完整表達之後才肯消褪。」（頁 45）儘管隨著年齡的增長，母女關係也發生了一些緩和與轉變，但因爲「傷口並沒有縫合好」，所以她始終「敘述未盡，因爲感情還沒撤離」。〔註74〕從她對童年時期記憶的書寫可以看出，與母親的關係恐怕會是她永遠要面對與處理的課題。

四、焦慮的童年記憶：駱以軍 —— 他們在說些什麼？

和其他作家相比，駱以軍的身世與記憶書寫，有一個較爲不同之處，就是他的作品中關於「語言」這個問題的思索似乎特別多。要了解其中的原委，似乎也可從《月球姓氏》中早期記憶的書寫，找到一些線索。

> 似乎有這個印象：小小身影的阿嬤，牽著我，在延平北路迪化街靠近延平國小與市場一帶的窄仄巷弄裡繞，……我記得我阿嬤最後總會帶我走進一間採光很差的小店面（又有些像一個住家貼靠著門廊的小客廳）裡，我記得那裡面會擠促地坐著一些老人。……我那時因爲年紀太小，無法清楚記憶他們的穿著細節或空間裡的擺設，比較明顯的差異（使一個三、四歲孩童能分辨的）是：他們非常安靜，彼此之間的身體靠擠在一起，他們用一種極小量的聲音說話……老實說，我從不記得 —— 從聽不懂他們之間交談的是什麼。我因爲出生及成長背景的關係（我出生後不久，我父母即帶著三個兒女，搬離我阿嬤大龍峒的家，住到永和），始終錯失學習河洛話的天然情

〔註72〕參見鍾文音《女島紀行》（台北：探索文化出版公司，1998 年 11 月初版，2000 年 5 月再版），書末作者簡介提到，作者到紐約學畫兩年，最後「隨著母親的呼喚收拾行囊返台」。
〔註73〕見附錄四、鍾文音訪談紀錄，頁 324。
〔註74〕見附錄四、鍾文音訪談紀錄，頁 327。

境。〔註75〕

根據阿德勒的理論，從一個孩子的早期記憶中可以看出他是屬於「視覺型」或「聽覺型」的孩子，也就是說他對那一種感官事物較具興趣，從作品中提供的線索來看，駱以軍無疑屬於後者。雖然他不記得老人們的穿著或擺設，也同樣不記得他們說了些什麼，但兩者之間是有差異的，因為他真正記得的部分，是他「聽不懂」老人們在說什麼，這才是這段早期記憶中最重要的關鍵之處。

「聽得懂」別人說些什麼，基本上是人際溝通的重要關鍵，否則即使是親人之間，也很難避免誤解的情況。書中描述了這麼一段童年時被寄放在大龍峒的阿嬤家時，「自己並不記得」但廣為大人傳頌的笑話：

> 我至今仍將台語說得蹩腳無比，實在無法想像那樣的時光，一對語言不通的老人和小孩是如何對話（我阿嬤不會說國語）？大人們回溯的那個笑話，是有一個下午，我阿嬤在灶腳忙，我一個小人兒，歪歪斜斜地走到她身邊，扯扯她的衣角，說：「ㄚㄇㄚ，ㄨㄛㄧㄠㄏㄨㄟㄑㄩㄥㄏㄜㄉㄜ。」我阿嬤照例聽不懂這外省小孩呀呀嗚嗚地說些什麼，她便慈祥地笑著敷衍：「好，好。」而那個小孩以為他將正常發音的平上去入取掉，便是他想像中的阿嬤平時在說的台語了，像我們後來遊戲裡模仿著外星人說話：「阿嬤，我要回去永和了。」後來這阿嬤又忙忙搞搞了一陣，突然一個念頭唉呀不對，衝出客廳，……最後在孔廟前的公車亭看見那小孩儼然一回事跟在一堆灰撲撲的大人身邊等公車。（頁78）

雖然由阿嬤畢竟照顧了駱以軍一段時光這點，可以推論只要有「親情的支撐，語言完全不同的祖孫也可以有某種程度的溝通」〔註76〕，但如果更進一步地思考駱以軍被阿嬤照顧時的年紀，還是不超過三、四歲的嬰幼兒時期，就會發現祖孫兩人的溝通，恐怕不見得是什麼打破語言障礙的傳奇神話，而是以照顧生活起居為主的相處模式，如同駱以軍對阿嬤印象最深刻的生動記憶：

> 印象裡阿嬤總是用湯匙咬一勺稀飯進老太婆黑洞洞的嘴裡，再塞進整顆帶著薄皮的鹽炒花生或是一條醬瓜，咀嚼攪拌（在她的嘴裡用

〔註75〕見駱以軍《月球姓氏》（台北：聯合文學出版社，2000年11月初版），頁256～257。

〔註76〕見楊佳嫻〈在歷史的縫隙中——駱以軍《月球姓氏》的記憶書寫〉，《中外文學》第32卷第1期，頁119。

> 她的假牙和舌頭）之後，再吐回湯匙裡，然後把那一口，我不知該
> 如何形容（糜粥？花生醬？餿水？）的東西伸到我面前，笑咪咪地
> 哄誘著：「乖乖緊呷，呷下去才會大漢。」（頁78）

但是當這個「外省小孩」長大到需要語言溝通的年紀時，「笑咪咪地哄誘與敷衍」就不足應付孩子的需求了，誤解與差錯也由此產生。此時如果沒有任何一方能打破自身語言的限制，去學習對方語言的話，很難期待雙方能在完全不理解彼此語言的情況下更進一步地溝通。對阿嬤和家族的其他長輩來說，由於這次的溝通失誤並未造成孩子走失的可怕結果，因此能當做家族傳頌的笑話與插曲而津津樂道，但對於總是聽不懂阿嬤和其他老人們談話內容的孩子來說，卻無疑是一種挫折感的來源。尤其當兄姊在大龍峒的阿嬤家學得一口流利的河洛話，自己卻因年紀太小而錯失學習情境時〔註77〕，對時常感受到「其他人都比自己年長、強壯、經驗豐富」的么子來說，無疑也是一種壓力。〔註78〕語言的欠缺感因此一定程度地成為駱以軍困擾並企圖克服的問題，了解這一點之後，當我們發現他後來對語言所能造成的影響力格外敏感，並且擁有比一般人更好的語言能力時，也就不會感到意外了。他曾在訪談中如此形容自己：

> 其實我以前在混的時候，我覺得我會比一般乖乖在學校讀書的小孩
> 子，更早熟於語言的能力。很像那種「流浪漢傳奇」，就是這群人無
> 意義的在打屁，在講黃色笑話，可是他們之間同時會形成一種感情
> 的交換、權力位置的確定。常常是最聰明的那個，他懂得用語言來
> 支配那種權力關係。還有跟陌生人接觸的時候，我們之間到底誰是
> 強者誰是弱者，其實通常他們在講話的過程就會建立出一個關係。
> 我也很嫻熟於小時候我爸帶我們去外省家庭的那種禮貌的話語，所
> 以我碰到老先生老太太就自然會很恭敬，很有家教，我們小時候也

〔註77〕 除了《月球姓氏》之外，駱以軍也曾在訪談中提到這點：「之前我爸其實是跟我媽住在大龍峒，住我外婆家，但我等於是完全沒有記憶的，所以像我哥我姐他們本省話講得非常好，可是我是完全不會。」見附錄二、駱以軍訪談紀錄，頁292～293。

〔註78〕 阿德勒在討論家庭排行對孩子的影響時曾經提到，最小的孩子有時會「不肯承認他有任何一種野心，但這是因為他希望在每一方面都越過別人，他希望不受拘束，唯我獨尊。從最小孩子可能感受到的自卑感看來，這一點也很容易了解。環境中的每一個人都比他年長，比他強壯，比他經驗豐富，他當然會常常自嘆不如。」見阿德勒（Alfred Adler）著，黃光國譯《自卑與超越》（台北：志文出版社，1992年7月再版），頁127。

是有那個教養，很有禮貌的。〔註79〕

正因為童年時在語言上感受到挫折，他對這方面的問題才會格外關心與注意。如果從自我認同的方向來思考，語言與溝通的障礙，除了挫折感的產生之外，多少也意味著「我是被排除在使用這群語言的團體之外的」、「我是不被接受的」，因此對語言能力的早熟與關注，多少亦是出於補償作用的影響，希望自己能夠做得更好，彌補童年時的挫折與欠缺感。

對語言問題的關注如影隨形地跟著駱以軍直到成年，沒想到娶了澎湖妻子的他，在婚後竟又要面臨兒時拜訪阿嬤友人的相同困境──聽不懂妻族親友語言的他，再度成為被排除在外的個體。參加一場妻族親友娶印尼新娘的婚宴時，他原先「物傷其類」地以為對方和自己一樣無法和親戚溝通，後來才發現原來「格格不入」的只有自己一個：

> 她究竟是個異鄉人呵。我心裡難過地想著，就和我一樣。……你聽
> 不懂他們快速談話裡的細節，但你只能一直保持著微笑，……然後，
> 從她的嘴裡說出了一串標準得不能再標準的河洛話……（她不是印
> 尼人嗎？）原來這裡唯一的異鄉人就只有我而已？）（頁226～231）

這種失語的感受，讓他產生了「巨大的挫折感」，因為在「完全不會那套語言」的情況下，他沒有辦法將自己這些年來努力培養的語言能力表現出來：「不論是博得對方的信任或喜歡，或是融入到他們這個家族裡面，或是說炫耀我的聰明，耍一些講笑話的能力，都完全沒有辦法。」〔註80〕然而我們亦可以發現，面對這種因語言隔閡所造成的尷尬身分，駱以軍並不是以更強烈的排他做為防衛的方式，而是小心翼翼地，或以沈默掩飾自己實際上的無言以對、或以「『我從兜位來』、『今嘛卡莫盈』這一類初級台語討巧賣乖」。〔註81〕而這一切的偽裝或沈默，無非是源於被接納與認同的渴望。

值得注意的是，駱以軍對語言的焦慮，不僅是「聽不懂河洛話」而已，也包括在父親的故鄉聽不懂那些同父異母的哥哥們的口音與語言習慣，即使他們使用的並非方言而是普通話，但在大多數的時候，當他們「哇啦咕嚕地用濃厚的鄉音」說話時，他總會因「聽覺識能力的局限和短暫失神的不專心狀態」〔註82〕，始終弄不明白他們談話的重點與邏輯。但儘管如此，他同樣

〔註79〕見附錄二、駱以軍訪談紀錄，頁291～292。
〔註80〕見附錄二、駱以軍訪談紀錄，頁292。引號內文字均為訪談內容。
〔註81〕見駱以軍《妻夢狗》（台北：元尊文化有限公司，1998年7月初版），頁233。
〔註82〕見駱以軍《遠方》（台北：印刻出版公司，2003年6月初版），頁117。

試著讓自己融入當地的語言習慣,他在情急時不僅會如同當地人一般稱呼自己為「小駱」〔註83〕,甚至會「粗魯地用他們的語言吼他:『你們長官說了可以,這裡有個病危的台胞,你能負責啊?』」〔註84〕由此我們可以看到駱以軍對語言的焦慮、在意與努力,其實是相當一致的,當他身處一個「聽不懂對方說些什麼」的情境時,就如同幼年時對著阿嬤與那些老人們一般,令他感到挫折,從而試圖克服與超越這樣的困境。駱以軍作品中有關「不會說河洛話」的內容,或許會令人以為是某種「外省第二代」的焦慮與表態,我們當然不能否認他的部分作品中必然有這樣的主題與意涵在,但如果回溯他的早期記憶,就會發現這些對於語言溝通的焦慮與關注,不能只從「外省第二代」的身世背景來理解,因為童年經驗所造成的影響也相當關鍵。語言是他的困境,也是努力的目標,這是無關乎省籍或語言之分的。

小 結

　　本章分別從姓名、性別與早期記憶三個方向,探討家族書寫中「自我認同」的展現。「自我認同」是個體對「我是誰?」這個問題的思索與答案,但「我是誰?」其實是個複雜而難解的問題,因此許多的認同符號往往僅能代表與說明自我認同的一小部分。

　　若從「姓名」的角度來思考,姓名是個體在出生之始就被賦予的稱代符號,姓氏標明了家族的血緣,名字則承載著父母長輩的期待。雖然從姓名改換的過程中,已可看出姓名做為身分認同表徵的片面與有限,但無可否認的是,姓名又的確象徵著個體之所由來、整個家族的期許,甚至背後複雜糾葛的意識型態,因此必然對個人的認同觀、對自己命運的認知與理解、乃至於個性的形成或行為造成一定的影響。

　　另一方面,「性別」則與社會所建構的性別區分密切關聯,兩性在建構性別認同時,幾乎很難自外於性別刻板印象的影響,從而服膺所謂的「男子氣概」或「女性特質」。受到傳統男性中心的價值觀影響,男孩多數比女孩更受到父母的期待與歡迎,當他表現出符合所謂「男子氣概」的特質時,也會得到更多的肯定。在這樣的情形下,選擇認同自己的男性性別,對男孩來講似乎是一個比較順理成章的決定,但女孩要建構並認同自己的性別角色,相形

〔註83〕見駱以軍《遠方》(台北:印刻出版公司,2003年6月初版),頁87。
〔註84〕同前註,頁238。

之下則有較多的困惑與矛盾。透過幾位作家的文本，不難發現兩性在性別認同上的差異，也造成了文本關注焦點的不同，女性作家對性別角色的學習著墨較多，而男作家則較將注意力放在「性」與「身體」等議題上。

　　此外，「早期記憶」與自我認同之間，亦有一定的關聯性。早期記憶是個人對自身和環境的基本估計，也是個人為自己所做紀錄的開始。因此它能夠做為理解個人自我概念的線索，暗示我們個體必須克服的主要困擾。透過幾位作家的記憶書寫，從那些被他們不斷重述、反覆出現的早期記憶中，分外可以理解他們日後的寫作何以時常圍繞著某個主題。這些童年回憶的敘述，也提供了一些蛛絲馬跡，讓我們看到是個體在什麼樣的情境中，逐步建立了「我是誰」的概念。而反過來說，或許也正是作家們持續書寫的某個關切主題，把他們帶回了那些早期記憶——不管是重新記起了某些早期經驗之所以揮之不去的原因，或是在試圖理解今日的自己時，建構出那虛實難辨的早期記憶。

第三章　家族書寫中的「家族」認同

第一節　父系認同的家族書寫

　　家族書寫既然是以自身的家族故事爲題材，父母的經歷與故事自然是不可或缺的一部分。然而有趣的是，在本論文選擇研究的文本中，父母所佔的比重卻罕見呈一比一的平衡狀態，而是有著顯著的差異。而選擇父系或母系身世做爲敘述重心的同時，基本上已呈現出某種認同的傾向。以下先分爲兩節討論在父系、母系認同的家族書寫中，父親或母親的身世爲何對敘述者的身分認同產生較明顯的影響。其中以父系爲主的《逆旅》與《月球姓氏》成書較早，故本節先討論父系，第二節討論母系；第三節則以家庭所生活的空間爲觀照對象，探討「家屋」（House）與認同之間的關係。

一、（尋）父之旅：《逆旅》

　　郝譽翔的《逆旅》一書，寫的是父之旅，也是一個女兒的尋父之旅。小說開始不久，女兒就面臨在陌生的山東尋找父親的處境：幾十年不曾返鄉的父親，才住兩天就自個兒跑到青島辦事去了，女兒不願獨自一人留在老家，面對那些「號稱是你親戚的陌生臉孔」，遂沿著當年父親離家的路線，前往青島尋找父親（頁 34～35）。小說中未曾再交代這段旅程的結局，因爲女兒到了青島之後，究竟有沒有找到父親並不重要，她已透過另一種方式——書寫，眞正「沿著民國三十八年父親逃離家鄉的路線」（頁 35）找到了父親。

　　我們可以發現，郝福禎（郝青海）無疑是《逆旅》一書的靈魂人物，不

僅全書敘述父親故事的篇幅，佔了四成以上，甚至可以說本書就是由「父親的歷史」這個概念所開展而來：

> 從很久很久以前，父親就反覆告訴我山東流亡學生的故事。……但吃驚歸吃驚，心裡卻老是懷疑是父親思鄉心切，難免要把記憶竄改渲染一番，……沒想到這段我從小聽慣的傳奇故事，居然是真實的歷史，而且有檔案可查，……我深為那愚昧、黑暗、殘酷的年代感到震撼，以致我無法用小說的筆法去剖解它，……而希望藉由比較跳躍的筆法，來安頓那些因漂泊無所歸依的靈魂。或曰是安頓我的歷史。〔註1〕

一本《山東流亡學校史》，讓幼時只道是傳奇的鄉野故事，成為曾經存在的歷史真實，女兒在吃驚之餘轉身面對「父親的歷史（我的歷史）」：從誕生時接生婆的不祥寓言：「這孩子注定是個孤獨的命」、十歲時跟著舅舅上青島、改變一生命運的 1949 年之流亡、短暫的婚姻與愛情、到 1999 年時孤獨地居住在新店一間陰暗潮濕的屋子……（參見頁 58～132）。當她用旁觀的角度敘述父親一生的同時，也就等於選擇了以「郝青海」而非「我的父親」的角度，去看待父親這個人。在某種程度上，這似乎也成為她重新思索父女關係的契機。

自從父母離異後，多年來女兒與父親的相處，一直只是小心翼翼地，藉著偶一為之的聚餐，維持著「相敬如賓」的父女關係：「這些年來，吃飯已經變成我們會面的例行公事，面對一道道輪番上來的菜餚，總可引出話題，不傷感情的，以免雙方坐著窘得發楞。我們總是努力地節制自己，連問候都點到為止，深恐觸碰到雙方的禁忌或是痛處。」（頁 11）

而這種「客氣節制」的父女關係，或許早從成長過程中，父親錯認她的那一天起，就注定了兩人從此難以跨越的距離：有一次，父親帶她去買文具，竟在書店中把一個女孩錯認成她，還說了好一會的話，問題是，那女孩和自己明明毫無相似之處。「就在那一刻，我才知道我和父親的距離有多麼遙遠。」（頁 47）但是，認錯人的並不只是父親而已。一次，她竟將教室外穿著風衣，長得與父親一點都不像的變態男子錯認成父親，從而發現原來自己對父親也充滿了一連串的錯認。但這樣的錯認，最後反倒成為她解決焦慮的一種方式：

〔註1〕 見郝譽翔《逆旅》（台北：聯合文學出版社，2000 年 3 月初版），頁 187～188。本節中再度引用此書時僅註明頁碼，不另加註腳。

> 於是我刻意要去錯認父親的了，甚至帶著自虐的快意去渲染我的想
> 像力，否則我無法理解他的生命到底與我有何干係，而從此以後，
> 他的身分與他的存在都要通過我的文字才能獲得意義。就這個層面
> 來說，他已經不再是我的父親了，毋寧更像是一個靠我生養的兒子。
> （頁 47～48）

事實上，對於年幼時父親就離家的女兒來說，她在思考「父親」這個角色的
意義時，必然有著許多的困惑與憤懣，甚至「無法理解他的生命與我有何干
係」。在建立認同的過程中，她無疑是矛盾的：一方面年幼的她渴望以父親為
認同與崇拜的對象，父親透過關係輾轉得來的一幅署名立法院長倪文亞的對
聯，就讓她崇拜不已（頁 50）；但她又無法接受父親拋下自己與母親的事實，
只好採取用「大吃大喝、嘲笑與惡意中傷把父親永遠逐出家門」（頁 44），以
及刻意地錯認與用文字渲染父親。這些行為背後的心態，在某種程度上來說，
其實仍是為了「逆轉」被父親拋下這個既成事實而產生的心理防衛機制。透
過這樣的方式，彷彿就能夠「拋棄那個拋棄自己的父親」，從而在想像中控制
父親、重塑父親，讓流浪的父親成為在自己的文字中安歇的兒子。企圖逆轉
角色的女兒，其實真正想要逆轉的，乃是那「被決定的」身世與傷害。

　　但是，女兒對父親的情感是複雜的，一方面她對於錯認自己的父親感到
陌生與不信任，因此她始終認為父親口中那些關於流亡的傳奇都出於他的虛
構；但另一方面，她對於這個少年時就離鄉背井，到老時獨居一間除了枕邊
一朵因潮濕冒出的香菇之外，沒有任何生命力的房子，感情亦無處依歸的老
人，卻又有著憐惜與關愛。為此她甚至指責母親：「爸結婚還不是想要有個家。
可是妳和阿媽欺負他是外省人，在他面前故意講台灣話。難怪爸到最後要跑
回大陸去娶老婆。」（頁 155）

　　正因為存在著這樣矛盾的情感，因此在怨懟父親未曾盡到責任的同時，
女兒其實仍然想要找到一個「原諒父親的理由」，杜牧的四句詩，就曾經扮演
過這樣的角色。父親在一個失眠的午夜用毛筆寫的這首詩：「旅途無良伴，凝
情思悄然，回首思往了，斷雁警愁眠。」曾經引起她很大的震撼：原以為寂
寞的只有被拋棄的自己，原來，父親也是會寂寞的。「這四句詩的寂寞已經在
我體內發生了巨大的化學作用，它讓父親的一切作為都忽然變成是可以原諒
的了，並且在後來長達二十多年我們岌岌可危的父女關係中，這種莫名所以
的寬容情結都仍然持續的發酵脹大。」（頁 46）即使她後來發現此詩並非父親

所創，而是從杜牧的五律「旅宿」那兒竄改而來，失望之餘，仍試圖為「心目中的寂寞父親」辯解：「父親畢竟曾在某個應該上床睡覺的午夜，從被窩中爬出來，提起一枝已經分叉的毛筆，浸到墨水瓶裡，重新把這首詩再書寫了一遍。」（頁 52）長大後同受失眠之苦的女兒，更彷彿由此找到了與父親的牽繫，以及血脈相連的某種「證據」，在失眠之夜聆聽 CD 時，每每想像著失眠的父親與牆上的杜牧，靜靜地相互對坐著，和自己一起聆聽一夜的變奏曲（頁 54）。從而在這樣的想像中，拉近了父女之間的距離。

其實，我們可以發現，當女兒用文字回顧這一切的同時，她已一定程度地諒解了這位離家的父親。曾經在心中懷疑「真的想要繼續尋找父親嗎？」（頁 43）的她，透過這場文字的尋父之旅，不僅找出了「父親是哪裡來的？」的答案，更讓她得以重新去面對「父親究竟到哪裡去了？」這個二十多年來，她心中耿耿卻總是訓練自己不去思索的問題（頁 44）。當然，這並不見得表示在現實生活中，作者與父親的關係就會產生戲劇性的轉變，但是透過書寫，對父愛感到匱缺的女兒找到了包容父親的理由，找到了解釋自己生命缺憾的源頭。至於她所敘寫與建構出的「父親歷史」究竟真實性如何？反倒不是那麼重要。因為我們原本就「不是從敘事中去『發現』自己（discover ourselves），相反地，我們是從敘事中『創造』自己（create ourselves）」。〔註 2〕也就是說，與其認為郝譽翔從《山東流亡學校史》發現了父親的歷史，不如說她藉由書寫重新建構了心目中父親的面貌。而理解父親的最終目的，仍是為了安頓自己，理解自己。流浪的父親不見得真能在郝譽翔的文字中安歇，但至少她能讓自己過去對父親的怨懟不滿，得到一些平息。〔註 3〕

二、逃亡者的後裔：《月球姓氏》

「我的身世便是我父親的故事」〔註 4〕這是駱以軍在《月球姓氏》一書中為自己的身世所下的註腳。因此在這本以「多桑的客廳」為劇場中心所發

〔註 2〕 見 Michele L. Crossley 著，朱儀羚、吳芝儀等譯《敘事心理與研究：自我、創傷與意義的建構》（嘉義：濤石文化有限公司，2004 年 8 月初版），頁 125。

〔註 3〕 以上有關《逆旅》一書的討論，部分內容為引用及改寫拙作〈我們是那樣被設定了身世：論駱以軍《月球姓氏》與郝譽翔《逆旅》中的姓名、身世與認同〉，《第七屆青年文學會議論文集》（台北：文訊雜誌社，2003 年 11 月初版），頁 185～194。

〔註 4〕 見駱以軍《月球姓氏》（台北：聯合文學出版社，2000 年 11 月初版），頁 236。本節中再度引用此書時僅註明頁碼，不另加註腳。

展出來的家族小說〔註5〕中,「父親」無疑佔了最重要的核心地位。儘管那彷彿三人疊羅漢般只能上探到祖父的父系身世,其實如此封閉與單薄(頁237),但透過父親有如單口相聲般地反覆言說之後,它似乎也染上了家族史詩的傳奇色彩:史詩由黑色大鳥般帶著兩個孩子孤兒寡母地逃離家鄉的太外祖母開始;之後是祖父母的遷移(由於祖產一夕間被祖父和另外兩個弟弟輸光了,只好遷移到一個名叫江心洲的小島);最後以父親自己那場1949年的關鍵逃亡做結……。這是一個關於遷徙與逃亡的故事,但對於父親的傳奇敘事,子女卻不見得一開始就全盤接受與認同。相反地,逃亡的神話對他們來說有如一幕幕無聲的影畫戲,被父親的敘事所填滿的身世,其實仍舊顯得蒼白無力。這是因為父親所生長認同的那塊土地,對於他們來說,實在太遙遠了。因此這個「空屋的家族史意象」(頁245),「只有在填寫個人資料籍貫欄時,神秘又心虛地寫下那個你從來不瞭的地名:『安徽無為』、『山東萊陽』、『江蘇興化』、『江西資溪』……才會幽幽邈邈地浮起。」(頁246)

但是,如果說父親的故事就是「我」的身世的答案,那麼這個答案無論看來多麼古怪與不符期待,「我」仍然必須找到「適應」這個身世的方式,對駱以軍來說,方法之一似乎就是「尋找和我背負相同身世的一群」:

> 我記得我在讀小學的時候,凡有籍貫欄填著一些怪地名的傢伙,你若私下和他們熟稔起來,他們絕對有一海票稀奇古怪的關於他們父親當初逃難的故事。(頁121)

> 在一次大地震後,公司的女同事們穿鑿附會地說起地震之前的預兆,……那時他突然聽見那個女孩說:「那有什麼,我爸爸說他們當初要撤退來台灣的前一天,或者兩三天吧,他們那個興化城城裡,所有的黃鼠狼……全部從你不能想像的角落竄出來……」其他人都為著這話題的時空鬆落而困惑咭然,只有他躲在座位上吃吃竊笑。
> 啊,這又是一個揹著故事的遷移者的,無身世的後裔呵。(頁309)

甚至在妻族親友迎娶印尼新娘的婚宴時,他也無視對方印尼人的國籍身分,而「物傷其類」地將對方視為自己的同類:「她究竟是個異鄉人呵。我心裡難

〔註5〕 駱以軍曾在訪談中表示:「對於所謂的認同這些問題,我還是不喜歡在概念上,或者說在政治正確的概念上去談。我希望我談的方式是從一個家族空間的角度來談,比方說「多桑的客廳」。是私領域裡面,包括社交、包括不同的教養、包括家族關係裡面成員權力位置的互動、甚至包括性、由性產生的家族關係,所以後來才發展到家族遊戲。」見附錄二、駱以軍訪談紀錄,頁290。

過地想著，就和我一樣。」（頁226）

這種尋找「同類」的心態，在某種程度上似乎已可說是「族群認同」的一種。但所謂族群，乃是指「一群因為擁有共同的來源，或者是共同的祖先、共同的文化或語言，而自認為、或者是被其他的人認為，構成一個獨特社群的一群人。」〔註6〕駱以軍與外省第二代產生認同並不難理解，然而印尼新娘和他之間，不論祖先、文化或語言，恐怕均難以找到共同點，這種「物傷其類」的心情由何而來？關鍵正在於「異鄉人」三字。也就是說，他對「共同來源」的認定是「來自異鄉」，但出生並成長於台灣的他，何以有此「異鄉」之感？除了上一節提過的語言隔閡所帶來的焦慮之外，更重要的因素仍是源於認同父親的身世所致：既然父親的故事就是我的身世，那麼外省父親的「異鄉人」身分自然也就是我的身分。

但值得注意的是，這種「異鄉人」的心情，與其說是他「不認同」自己出生成長之地，不如說是他對於無法真正找到建立歸屬感之地的疲憊與焦慮。對他來說，「不被認同」的感受不僅源於自己所出生之島，也同時來自父親的故鄉：在台灣被視為「外省第二代」，到了大陸又成為「台灣人」的身分，在兩邊顯然都不是「正確答案」，深感「傷害與恨意已如影隨形進我無由分辨的背景裡」的他，只能「滿嘴酸苦，像一個遭詛咒無法將血濾淨的變色龍後裔，艱難地選擇兩邊皆唾棄的身分。」〔註7〕選擇之所以艱難，正是因為渴望得到「他者」對自己的接納與肯定，因此「兩邊皆唾棄」的處境方令他感到尷尬。在此我們可以看到，「他者的承認」對個人理解自身所處的位置與建立歸屬感的重要性 —— 身分認同之所以會是一種互動的歷程，正在於個體無法單靠一己的認定決定自身的位置，在大部分的時候，這個位置是由自己和他人共同決定的。當被接納的需求得不到滿足時，他只好藉由「蒐集」同類來證明自己並非孤單一人，並尋求某種情感上的共鳴，找到自己得以安身的位置。

然而，儘管這個「逃亡者後裔」的身分，令他宛若不鳥不獸的蝙蝠般，時時感到不被認同的困擾與為難，但駱以軍的內心深處，畢竟仍是認同父親

〔註6〕 見王甫昌《當代台灣社會的族群想像》（台北：群學出版公司，2003年12月初版），頁10。此處之論述重點，在於強調這種尋找「同類」的心態，仍是源於認同父系身世所致，至於有關《月球姓氏》中與族群認同相關之書寫，筆者將於第四章再進一步加以討論。

〔註7〕 見駱以軍《遠方》（台北：印刻出版公司，2003年6月初版），頁62。

以及這個「被父親設定的身世」的。他只不過想讓父親知道：「你看我和這個徹頭徹尾被你描述錯誤的世界，打交道得多麼辛苦。」（頁 258）因此，父親的故事不僅是他的身世，也成爲他的書寫與他的認同。誠如王德威所言：「駱以軍最終要講的是人子擬想『父親』的困境：那是一種無從避免的離棄與錯過，……這是駱以軍創作的核心了，怎麼樣都說不清，也寫不盡。」〔註8〕只有在了解這點之後，我們才有可能撥開小說中所有魔幻後設、虛實相間的迷霧，看出《月球姓氏》那表面上荒謬凌亂，駁雜支蕪的一塊塊身世拼圖，原來始終整齊劃一地指著同樣的方向──父親。甚至可以說，《月球姓氏》裡一切的身世書寫，其實都是以父系身世爲參考座標而來：本省籍養女母親「失去時間感與口述能力」（頁259）的「無身世」，和父親的華麗敘事正好相反；至於澎湖妻族那層層疊疊、一如倒插金字塔型的李棠華特技團般的龐大家族，更是父親那單薄如「三人疊羅漢」家族的鮮明對比（頁236～237）。其他的身世故事都是爲了陪襯父系身世而來，父親不僅是「這一大套故事裡唯一的說書人」（頁236），他也是駱以軍家族書寫作品中唯一的主角，生命中最重要的認同對象。

　　但是身爲人子，在擬想父親的角色時，畢竟仍有其無法設身處地的面向，直到自己也做了父親，甚至直到父親即將死去，他才眞正理解「身爲父親」的心情，以及父親在想些什麼？並驚異地發現原來父親仍有自己所不熟悉的一面。因此在描寫到九江救回中風父親的作品《遠方》一書中，有關父／子角色的揣想與思索，在比重上遠較《月球姓氏》爲多。在照顧中風重病的父親時，兒子第一次發現父親「性格裡害羞的那一面」〔註9〕，發現父親一直以來除了華麗的身世演說之外，其實多麼不擅於和自己溝通，從而領悟到父親多年來所扮演的那個「嚴格」父親的形象，說不定只是身爲孤兒的他，對父親角色的一種想像：

　　　　父親這一生總給人一種浮誇好出風頭不願意安靜下來的印象。這時我心裡想：原來他也是那麼地害羞啊。父親十四歲時就做了孤兒，所以他生命裡似乎總斷漏空缺了一段時光，對於一個父親形象的角色模仿。如今仔細回想，……他一定對於自己在我的故事裡變形成那樣一個滑稽而劣質的角色，感到驚疑震恐。但他沒有一次正面〔直

─────────────────────

〔註8〕　見王德威〈父親的病〉，《聯合報・B5 版》，2003 年 8 月 3 日。
〔註9〕　見駱以軍《遠方》（台北：印刻出版公司，2003 年 6 月初版），頁 248。

　　視著我）和我討論這個，他只是更氣急敗壞地想把自己這一生經歷
　　過的不幸遭遇或英雄事蹟告訴我。但是那些故事總不盡人意地在之
　　後的小說裡，以更古怪荒謬的面貌出現。〔註10〕

這樣的體悟其實是感傷而略帶焦慮的，他一方面充滿情感地認為「看到我父
親倒下後，有一種很奇怪的感覺，我覺得我變成第一代了。」〔註11〕另一方
面，我要如何勝任「我孩子的父親」這個角色？我如何不讓兒子和我的關係，
成為我與父親的翻版？都成為必須思索進而釐清的問題。

　　於是，在九江的「拯救父親」之行結束後，他一方面帶著「某種幽微轉
折的補償」〔註12〕心態，帶著孩子在城市遊走，尋找這孩子最愛的投幣式搖
晃玩具，一方面卻又對「這樣的父愛夠了嗎？」、「方式正確嗎？」感到懷疑
與不確定。他擔心著這孩子「有一天會不會恨我呢？」〔註13〕；焦躁著「**所
有其他的父親們此刻正在做什麼？**」〔註14〕（黑體為原書所加）；甚至想像著
孩子已變成一個嚴厲的中年人，而變成老人的自己，卻不知如何開口向他解
釋些什麼。這時他才「突然那麼能體會，父親晚年幾度囁嚅搭訕想和我交心，
但總被我不耐煩打斷或像哄小孩般敷衍，而將他的話語導入他那個密不見
光，被各種往事腐敗枯葉層層蓋住的死巷。那樣的害羞、敏感，充滿悵悔與
孤寂。」〔註15〕

　　難道，真的要在錯過了父親之後，才能真正理解父親？情況或許並不真
的那麼悲觀，在父親死去之前，或許還有一點時間向死亡喊停？透過不斷地
敘述與回顧，駱以軍企圖讓時間停格，找到「事情開始發生的關鍵時刻」，進
而「拯救」父親。如同他在《遣悲懷》中的感嘆：「如果可以，如果可能，如
果真能找到一逆穿時間的方式……可以讓所有的兒子從未來一身銀盔黃金鎖
子甲，把那些不經心而在各種意外中喪命的父親們救活……」〔註16〕最終我
們發現，駱以軍作品中對時間謎題的執著，與父親仍然有著密切的關係。透
過書寫，他延緩了父親離去的時間；在生活中，他則背負起父親的身分與角

〔註10〕見駱以軍《遠方》（台北：印刻出版公司，2003 年 6 月初版），頁 248～249。
〔註11〕見附錄二、駱以軍訪談紀錄，頁 295。
〔註12〕同註 10，頁 278。
〔註13〕同註 10，頁 280。
〔註14〕同註 10，頁 286。
〔註15〕同註 10，頁 293～294。
〔註16〕見駱以軍《遣悲懷》（台北：麥田出版，城邦文化有限公司發行，2001 年 11
　　　　月初版），頁 116～119。

色，成爲父親的父親，也成爲自己孩子的父親：

> 「我不喜歡爺爺。」「爲什麼？」我驚怒不已，……「因爲他好
> 髒。」……「而且他已經死了。」漫長的生命流河，我盯著孩子的
> 臉，他和父親如此相似，像在他們爺孫翻模印出的漂亮臉孔中間，
> 夾層歧出了一個捏壞歪斜的我。但遺傳裡總有些基因在憎恨著基因
> 自己哪。我虛弱地說：「不許不喜歡爺爺。」我說：「因爲他是我的
> 爸爸。」我說：「他沒有死，他只是一直在睡覺。他聽見我們在他
> 床邊講話，只是他醒不過來。」〔註17〕

父親沒有死，他還聽得見，因此一切都還來得及。他還聽得見駱以軍身爲人
子與人父的體悟，即使在他走了之後，他的故事仍然會繼續在駱以軍的書寫
與言說中停格並保存下來，這也正是駱以軍身爲一個兒子與父親的心意。

三、父親的病：《聆聽父親》

　　無獨有偶地，張大春的《聆聽父親》一書，同樣是因爲「父親的病」而
產生。只不過，如果說駱以軍是爲了父親而書寫，那麼張大春則是爲兒子而
寫。這是從一個「對尚未出生的孩子講述家族故事」的意念所寫成的故事，
爲了讓「巨大無常且冷冽如月光一般的命運輾過這個孩子之前；這個不存在
的孩子將會認識他的父親、他的父親的父親、以及他的父親的父親的父親。」
〔註18〕一連串的「父親」一詞，說明了家族的建立，是經過如何縣長與悠遠
的時間——「一個此刻還活在這世上的生命是經過了千萬代先祖、百萬年歲
月，其間經歷多少天災、戰禍、飢饉、殺戮或意外而殘存下來的命脈，這裡
面必然有它荒謬卻莊嚴的意義。」（頁78）也就是說，看似「小我」的家族故
事背後，隱含的其實是張大春對生命存在本質的某種困惑與思考。而以孩子
爲預設讀者的方式，也令本書在眾多家族書寫的作品中，特別顯得饒富傳承
意味。

　　「聆聽父親」一詞有著雙重意涵，一方面是以對兒子這個預設讀者說話
的口吻，要兒子聆聽自己之言；另一方面也是身爲兒子的自己，透過書寫回
頭思索父親之言。表面上看來，前者似乎是張大春創作此書的目的，但進一

〔註17〕見駱以軍《遠方》（台北：印刻出版公司，2003年6月初版），頁288～289。
〔註18〕見張大春《聆聽父親》（台北：時報文化出版公司，2003年7月初版），頁8。
　　　　本節中再度引用此書時僅註明頁碼，不另加註腳。

步思考，張大春之所以希望孩子認識父親和父親的父親……，其實根本的原因仍是從自身出發所產生的反省：「這一切夾纏紛擾的疑惑是不是因爲我從來不曾眞正認識我自己的父親、甚至作爲一個父親的我自己呢？」（頁 80）當父親倒下，當父親的老去與死亡的逼近再也無法迴避時，父親的存在與「可能即將不存在」，成爲人子不得不去正視的問題。摔了一跤的父親含著眼淚對兒子說：「我大概是要死了。可也想不起要跟你交代些什麼；你說糟糕不糟糕。」（頁 76）父親努力想著，卻再也想不起來，於是他悄悄地將這個思考的「任務」交到了兒子的手上。兒子開始靜靜地想，父親到底想交代我什麼？如果我不知道父親想交代什麼的話，是不是代表我對他的了解仍不夠深？到底「過去四十年來我對這老人的生命有過多少墾掘和理解」（頁 77）？最後他不得不略帶感傷地承認自己這麼多年來，「從來沒有眞正試圖深入他那個『家傳的好腦子』裡一探究竟」（頁 77）。那麼現在開始，或許還來得及？面對父親的病，張大春的作品第一次令人驚訝地展現了「抒情」的可能。

如林秀玲所言，《聆聽父親》一書中刻畫父子情誼的部分，可說是「整本書中最抒情的母題主調」〔註19〕，是最溫情與動人之處。透過充滿機趣的對話與生活細節，張大春刻畫出一個生動的父親形象。父親一方面有如傳統的中國父親般，是家中的權威與做決定的人，有些事情在他面前是沒有商量餘地的：「我跟我父親說我要受洗。他想都不想就說：『你在家好好洗洗就可以了。』」（頁 11）但另一方面，這個父親又不全然是個威權父親，相反地，他時常以一種對待同輩朋友的口吻和孩子交談，當年方國小的兒子對他說：「是因爲我們家沒有錢，我才不能學音樂的，對不對？」父親的反應竟是想了想之後說：「你看得很透澈。」（頁 176）書中最動人的地方之一，莫過於當兒子問起父親「最要好的朋友是誰？」這個問題時，父親的反應：

> 父親沉吟了片刻，說：「有三個罷—— 倒有兩個沒出來。」「沒出來」
> 不需要多作解釋，就是「沒跟著政府一起到台灣來」的意思。……
> 「那還有一個呢？」「甚麼還有一個？」「還有一個最要好的朋友
> 呢？」「哦！是還有一個——」父親指了指我的鼻尖兒，說：「那就
> 連我的兒也一塊兒算上罷！」（頁 103～104）

不過，像這般直接表露情感的對談，畢竟仍是少數，大多數時刻總是「用

〔註19〕見林秀玲〈亦父、亦師、亦友：張大春的《聆聽父親》〉，《文訊》2003 年 10
月號，頁 31。

力隱藏感情」（頁 220）的父親，就算是想要告訴兒子一些人生道理的時候，也不習慣使用「抽象的字眼」交談，而要「佐以大量的故事」（頁 209）。父親對孩子那份婉轉、保守的愛，也就透過故事的言說爲媒介，成爲父子間愛的密碼。父親的故事有多重要？它可以令兒子長久以來一直相信：「倘若不能像我父親一樣，跟孩子每天說一晚上足以讓他在夢中回味的故事，就不算盡到了做父親的義務。」（頁 143）出於一種「肖父」的願望，父親如何扮演「父親這個角色」，成爲兒子依循且模仿的標準。然若進一步思考「兒子爲何像父親？」這個問題，一部分或許是身教言教中的潛移默化，令孩子不知不覺間承襲了父親而不自知。這種承襲，可以細微如寫春聯這樣的生活瑣事：當兒子「回首前塵，想起多年來父親對於寫春聯、貼春聯、讀春聯的用意變化，才發現他的孤憤嘲誚一年比一年深。」更重要的是，當他自己提筆寫春聯時，才赫然發現「自己家門口老有父親走過的影子。」（頁 116）但另一方面，有時父子之間關係的糾葛，不盡然是愛與溫情就可以解釋的。朱天文（1956～）引經據典爲張大春的《聆聽父親》所下的註腳，或許更足以說明「肖父」願望背後的幽微心理：「引恩尼斯特・貝克的《拒絕死亡》做結語。他說：『推動我們力量的並不是戀母弒父情結，而是「肖父」的願望，從家族歷史中奪回自己，推之入不朽的願望。』」〔註20〕而「奪回自己」不只是對父親的挑戰，也是找到自己、認同自己的位置之需求：

> 對照於母親（回歸本源），父親，似乎從開始就是敵體，分出了你我。希臘哲人說「認識自己」，無非把自己分別出來爲敵體，以觀察，以理解，以實踐。大白話就是朱天心說的：「我一直靠著不斷的挑戰父親，才有自己，才知道自己在哪裡。」〔註21〕

因此，如果只注意書中那些機趣與溫情的對話，或許會忽略了兒子對父親的情感與認同，有些部分是要經過質疑與挑戰方能建立的。書中至少有兩段父子衝突是相當值得注意的，第一次是發生在張大春幼年時，對於時常叨念著「俺爹不喜歡我」的父親，身爲兒子的張大春在旁爲父親打抱不平：「爺爺是個老渾蛋！」但父親不僅不爲兒子「站在他這邊」而感到欣慰，反而用一隻大巴掌拍上兒子的後腦勺：「你才是個渾蛋！這是怎麼說話？一點禮貌都不懂！」（頁29）對於出於善意保護父親的兒子來說，這一巴掌除了成爲他「了

〔註20〕 見朱天文〈弱點的張大春〉，《聯合報・讀書人版》，2003 年 8 月 24 日。
〔註21〕 同前註。

解禮貌的開始」（頁 29）之外，更重要的或許是如下的想法：「我嫉妒我的爺爺；他居然可以那樣對待我父親。」（頁 30）他甚且假想著，如果有一天，兒子聽自己講起爺爺如何鄙視父親的往事，而冒出一句「老混蛋」〔註 22〕的評語來，他不但不會給兒子一巴掌，反而會說：「沒錯兒！我早就說他是個老混蛋了。」（頁 172）忌妒爺爺的背後，正是對父親權威的不滿與挑戰，透過想像「自己與兒子的對話」，他不僅在某種程度上補償了父親「虐待」自己的部分，彷彿也是一種對父親的宣示：「我不像你，我會成為一個比你更好的父親」。也就是說，光是「肖父」對兒子來說仍然是不夠的，唯有挑戰父親、超越父親，才有可能奪回自己、成就自己，「知道自己在哪裡」。

另一次衝突，則與眾多「外省第二代」子女的遭遇相似。父親就像所有的外省第一代父親一樣，有關山東祖家在「大時代」的摧殘下所經歷的一切，總令他「耽溺其間，歌之哭之、詠之嘆之，反覆不覺厭膩」，對幼年時的張大春來說，只是感覺「對這一段一向不是太有興趣」（頁 127），但是日復一日地重複述說，讓他漸漸開始產生厭倦與懷疑：到底這些一則則的家族記憶，要把我帶到哪裡去？他在二十四歲那年提出了這樣的質疑。在父親六十整壽的深夜，喝醉了酒的父親高興地走進張大春的房間說：「嘻！沒想到哇，我也活到六十了——跟你奶奶過世的時候一個歲數了。」同樣帶著醉意的他終於忍不住了：「你可不可以不要再說那些老家的事了，聽起來很煩吶——走開啦！」沉默下來的父親不復當年一巴掌拍下來的威權架式，他只是默默地離開房間，以京劇裡的老生韻白嘆道：「走、走、走——唉！我——往何——處去呢！」（頁 134）於是再次，我們看到了外省第一代與第二代之間的衝突與隔閡。

對於所謂「外省第一代」來說，他們這一生所經歷的逃亡與遷移，是不屬於「人生藍圖」的一部份，更超乎了自己想像能力的莫名旅程。如同張大春父親所言，所謂大時代，「就是把人當玩意兒操弄的一個東西」（頁 216）。在這個不由自主的年代，對於生命中巨大的轉變（或者應該名為「災難」），他們當年其實並沒有心理準備。甚至這大規模的遷徙、逃亡，可能只是一個偶然的誤判所造成——例如上錯了南下的火車。因此他們懷抱了幾十年的夢想，以為總有一天可以重返家園，去「修正」當年那個偶然的突發狀況所造

〔註 22〕此處疑為原作者筆誤，文中第 29 頁採用「老渾蛋」一詞，第 172 頁之「渾」則均植為「混」。

成的生離死別：駱以軍的父親，就曾在無數個不眠的夜裡，夢囈般想像著那「進門的第一句話」。直到一次大水，他才突然領悟到：「這一輩子他再也回不去了。老先生（老蔣總統）說的全是騙人。」（頁 267）而郝譽翔的父親又何嘗不是在花甲之年，痛哭失聲地感嘆：「當年怎麼想得到，一離開就是幾十年，回不去了，回不去了。」（頁 14）正因為回不去故鄉，回不去年少的時光，因此，只有透過在記憶中、在重複述說的過程中，不斷地「重回現場」，才能在某種程度上獲得「救贖」。表面上看起來這似乎顯得有些矛盾，但其實我們可以佛洛依德關於重複衝動（repetition compulsion）的觀念來理解：

> 佛洛依德認為主體對於不快經驗的重複 —— 有時是主動地重複而有時是透過夢境等狀況不自主地重複 —— 有可能是企圖控制這個不快經驗而產生的現象。亦即創傷或不快初次發生的時候，主體可能處於完全沒有準備、無法掌控的被動狀態，透過經驗的重複，主體因此彷彿轉為主動、或至少比較可以處理同一刺激帶來的焦慮與不安。〔註23〕

也就是說，重複的言說在某種程度上是為了滿足「如果可以再來一次」的心理需求，去控制那個當初「來不及準備」的創傷情境，對個體來說，多少具有一些「心理治療」的功效。因此，「逃亡神話」與重複述說就成了這個族群的共同特徵。〔註24〕

　　但是對子女來說，那畢竟是一個他們不曾身歷其境的年代，要對那個時代所造成的種種乖離的遭遇、命運甚至信仰產生認同，終究是困難的。就像張大春的父親曾在一次聚會中，帶著醉意地指責兒子和兒子的朋友：「你們根本不信三民主義！」對於這個指責，兒子的反應是：「他說得很對。」並且「發誓再也不帶朋友回來和這老頭喝酒了。」（頁 90）正因為自己對於過去那段遙遠而陌生的歷史與家族之種種，亦不見得能有發自內心的真摯情感，張大春不僅不以此要求兒子，有時甚至會懷疑起自己述說家族的這一切，又要把孩子帶到哪裡去？

　　祖家之於你，我的孩子，原本是莫須有之物；即便對於我，也應該

〔註23〕　見黃宗慧〈入土誰安？：論《尤利西斯》〈陰間〉一章中的屍體、葬儀與哀悼〉，《臺大文史哲學報》第 56 期，2002 年 5 月出版，頁 346。

〔註24〕　本段引用與改寫自拙作〈我們是那樣被設定了身世：論駱以軍《月球姓氏》與郝譽翔《逆旅》中的姓名、身世與認同〉，《第七屆青年文學會議論文集》（台北：文訊雜誌社，2003 年 11 月初版），頁 182～183。

是這樣的。我無法鼓勵你對一座全然陌生的宅邸孕育真摯的情感，
也無法說服你對一段早已消逝的歷史滋生純粹的好奇。即使當我在
不斷拼湊著這些原本遙遠而寂滅的人生殘片之時，也經常發出斷想
的喟嘆：我要把你帶到哪裡去？（頁 133）

自己要到哪裡去？自己又會把兒子帶到哪裡去？答案或許正是他成書之後的
心得：「我也離家了！」〔註25〕只有在看清父親的故事、家族的故事之後，個
體才有可能認清自己和父親之間有何承襲之處，又有何想挑戰與突破之處。
家族的故事不是捆住後代的繩子，而是追求自我的前提。在面對父親、敘說
父親、聆聽父親之後，兒子才有可能真正離家，成為他自己。

第二節　母系認同的家族書寫

一、重現昨日的母女愛怨：《昨日重現》

　　翻開《昨日重現》裡一卷卷的家族故事，不難發現鍾文音當初在架構此
書時，是務求面面俱到的：母親、父親、祖父母、外祖父母、姑姑、叔叔、
舅父、表姊、兄長……，家族樹的枝葉繁盛，家族親友的面貌則透過文字逐
漸浮現。一個個家族成員的故事，訴說的並非歷史洪流中史詩般的家族神話，
而是以一個女子的眼光，回憶「我」對家人的印象，觀看家人與「我」的關
係，從而透過文字，留下家族的故事與記憶。〔註26〕

　　然而細究這部透過物件、影像、記憶、書寫所編織的家族史，不難發現
「母親」仍然是唯一的主角，佔據著最核心的關鍵位置。這不僅因為她是鍾
文音最先書寫，也是書中篇幅最多的一位，更重要的是，女兒在書寫與述說
自己與其他家族成員的互動時，這些回憶在根本上仍然多少與母親相關——
因此寫家人的同時，她仍是在寫母親：追思父親時，她想到「我們兩代父女
的任性帶給母親極大的承擔」（頁 134）；對於已過世的阿嬤和外婆，她回想起

〔註25〕見賴廷恆〈張大春徹底離家〉，《中國時報‧D8 版》，2003 年 8 月 1 日。
〔註26〕鍾文音在《昨日重現》的後記中提到：「家族的記憶權由我這一介女子來做詮
　　　　釋。」（台北：大田出版公司，2001 年 2 月初版），頁 290。本節中再度引用
　　　　此書時僅註明頁碼，不另加註腳。另外她曾在訪問時提到，她的家族史書寫，
　　　　不願只是堆砌史料，而希望書寫的對象都能和自己的生命有所交集，因此書
　　　　中的過去都是主角所回顧的過去。參見黃文儀〈我的旅行 —— 鍾文音〉，《幼
　　　　獅文藝》第 612 期，2004 年 12 月出版，頁 99。

的是母親如何在阿嬤受糖尿病所苦的晚年，以尋常心照料這位曾經待自己極差的婆婆，並在阿嬤過世後，仍努力扮演自己的媳婦角色，哭得聲嘶力竭（參見頁 112～120）；至於同樣虐待過母親且為繼室的外婆去世後，母親對於「跪路頭」（女兒從路頭下跪，一路拜到母親靈前）的習俗雖不甚贊同，但她只低低地向女兒說：「這個習俗要改。」之後便以哭調之音一路悲唱到靈前，喊著：「阿依喲〔註27〕，妳這樣就捨棄咱們啊……」這事更讓鍾文音深切地體認：「其實母親是寬宏的，就下跪哭悲這一點上，我見到了她的大氣，大天大地，她真是我的天可汗。」（頁 180）當然，對於年幼的女兒來說，母親畢竟是生活中關係最密切的人，在回憶中總少不了母親的身影也不足為奇，但即使述及同胞手足，鍾文音想到的仍是母親。她對大哥印象最深的一件事，竟是「當他考上師大附中時，我媽正坐在勝家縫紉機前，一聽到時就興奮地抱起我，我納悶的是為什麼不抱我哥，我亦不知那所學校的意義所指為何。反正我媽高興，就代表我家會太平，所以也就跟著開心。」（頁 222）母親在女兒心中的地位，由此可見。

母親對女兒的影響之深遠尚不僅於此，母親的好惡與對人的觀感有時亦足以壓抑或左右女兒對他人的判斷：

> 看到祖母那一張照片時，若正巧母親在旁，她總是嘖嘖嘖地叨念著：「阿依伊對咱很不好！心是黑的，沒血沒淚。」有時我會順手就在紙上畫著一顆黑心和一個乾瘦的婦人，聯想著一顆黑心在阿嬤體內跳動的感覺，骨瘦身軀沒血，凹陷的眼眶無淚。難得午後在家的母親稍稍放下手邊縫補的衣物，頭覷過女兒的書桌前看我的塗鴉邊說著：「妳阿嬤都不疼妳，對媽媽很壞的。」照片中的阿嬤其實一點也不瘦，然我因為母親之言，對祖母總是有極大的距離。（頁 63）

這段文字相當清楚地呈現出，女兒對祖母形象的塑造與感受乃是從母親的言說而產生，更重要的是，「黑心祖母」的形象儘管違背了「照片中一點也不瘦」的祖母實際形象，卻是受到母親鼓勵與「增強」的——因此她在看到女兒的塗鴉時，繼續強調祖母不僅對自己不好，也不疼愛女兒。母親的視角決定了女兒的眼光，於是她學會壓抑自己對祖母手藝的讚美與喜愛，因為「一

〔註27〕 此處之「阿依喲」為鍾母對母親的稱呼，鍾文音於文中解釋當地以前的村人不論男女老少都稱呼母親為「阿依喲」，這是「客家骨鶴佬皮的稱呼」。見鍾文音《昨日重現》（台北：大田出版公司，2001 年 2 月初版），頁 106。

提阿嬤我媽就有氣」，而「舉凡會讓母親動氣的事還是少提爲妙」（頁 107）。
因此，直到祖母過世，女兒和祖母之間始終「沒有多餘的對待和情緒空間」
（頁 120）。當然，這並不表示女兒只是完全受母親擺佈，根據母親的轉述來
論斷他人，缺乏自主的情感與價值判斷，她其實也認爲自己「無須討好對我
亦有時生冷的祖母」（頁 111），只不過母親對祖母的評價，無疑更爲加強並
肯定了這樣的認知與態度。

　　另一方面，母親的性格也成爲女兒論斷與衡量他人的參考指標：

> 母親一生都是個嚴厲且高標準的人，但她說起伯母時卻顯得讚賞且
> 開心，「妳阿妗〔註28〕嫁來阮莊時大家攏跑去看新娘，伊年輕時眞是
> 有夠水，脾性又溫純。」我想也是，脾氣不溫純者很難和母親相處
> 得好。（頁 157～158）

溫純與否本來是主觀的價值判斷，不親身與其相處難以肯定，但由嚴厲的母
親口中說出，女兒幾乎就可肯定對方必然爲脾性溫純者，這是源於她對母親
的了解，而非對伯母的認識。由此我們發現，母親可說是女兒認識外在世界
時的參考座標，她一直是先透過母親的眼睛，然後才用自己的眼睛來看這個
世界。然而，母親爲何對女兒來說如此重要？她又是如何對女兒造成如此深
遠的影響？我們必須進一步審視女兒眼中與筆下的母親，方有可能了解。

　　母親是鍾文音作品中永遠的主旋律，不論小說或散文，記實或虛構，她
筆下的母親形象始終如出一轍，總是強韌務實且充滿了生命力。小說《在河
左岸》裡的一段文字，就生動地呈現出鍾文音作品中「務實母親」的代表形
象：

> 我爸隻身一人和一幫村裡的男人擠上了一輛通往北方的貨車，……
> 我在我媽的裙裾身後的一大圍布中探出頭來，看到瘦弱的爸爸擠在
> 人群裡向我媽笑著。當時我非常驚訝地看著眼前這一幕，因爲我媽
> 竟然小跑步了起來，追向那輛貨車。我以爲我媽不忍心和我爸告別，
> 我見到我爸和我一樣天眞地揮著手眼眶且帶點濕潤般地望向追上來
> 的妻女身影。哪裡知道我的頭突然撞上了她的脊椎凸起處，她突然
> 煞車停步，快速彎身撿起一隻小雞和一顆甘藍菜，那是從乍然快速
> 開動的貨車上掉下來的貨品，讓眼尖的我媽越過其他的送行者奪得

〔註28〕此處鍾母稱呼伯母爲「阿妗」，但一般來說「阿妗」應指「舅媽」而非「伯母」。

先聲。〔註29〕

對母親來說，沒有比「生活」更重要的事，即使在與遠行的丈夫分離的場面，她也決不會任由感傷的情緒濫情地渲染發酵，眼明手快地撿起生活必需品才是更機警的選擇。在其他的作品中，這位母親的姓名面貌容或有些許差異，但基本調性總是相同的，鍾文音不曾寫過柔弱的、被命運牽著走的母親，她筆下的母親，總是充滿力量的，帶著不被艱苦環境擊倒的魄力與強悍，這亦一定程度地反映出母親對她來說最主要的性格印象。母親的強悍對女兒性格和情緒的影響在第二章中已經有所論及，本章則想進一步分析在這位強勢而務實的母親教養下，母女關係何以成為女兒心中牽掛最深的生命議題？女兒又如何透過書寫，展露出她對母親的愛怨矛盾？

鍾文音曾經如此形容自己對母親的感受：

> 母親，是黑暗的深淵。不是說自己的母親不好，而是母親身上有太多包袱。母親這個角色一直以來背負的重量過於驚人，所以內在堆積的情緒很多。面對同樣身為女人的女兒的角色，會有異樣的心情。……母親的內在就像河床的沖積物，不斷向外沖刷，然後倒在最親近的人身上。……我對母親是有懼怕，逃離，是因為不喜歡被塑造的樣子。而且她那種勞動母親的形象太鮮明，讓我聯想到匱乏。〔註30〕

在這段敘述中，她以「黑暗的深淵」形容母親，以及「匱乏」的聯想，都是十分值得注意的。如同心理治療師芭貝‧瓦德茲基（Barbel Wardetzki 1952～）在《女性自戀：女人的認同渴求與自我價值感》一書中所提到的：

> 小孩子都需要「安全感、肌膚接觸、溫暖、依附關係、保護」。如果這方面的經驗是失望、沮喪或傷害，就會為日後的人際關係和自我體驗留下嚴重的後遺症。如果小孩在依賴母親的共生時期和母親的距離太疏遠，長大之後這感覺常被描述為「黑洞」或深淵。〔註31〕

鍾文音對母親的形容，與上述的理論如此不謀而合，因此我們不妨試著將此

〔註29〕見鍾文音《在河左岸》（台北：大田出版公司，2003年2月初版），頁24。
〔註30〕見陳嬿文撰文〈伊能靜 vs.鍾文音：百變精靈／不斷向昨日告別的女人〉，《聯合文學》第220期，2003年2月出版，頁48。
〔註31〕見芭貝‧瓦德茲基（Barbel Wardetzki）著，林敏雅譯《女性自戀：女人的認同渴求與自我價值感》（台北：商周出版，家庭傳媒城邦分公司發行，2005年4月初版），頁89～90。

理論和鍾文音家族書寫的文本互為印證，觀察文本中是否隱含了女兒在與母親的共生時期〔註32〕時，遭遇挫折與傷害的訊息。

細閱《昨日重現》一書，我們可以發現其中女兒對母親的情感，其實是非常矛盾的：一方面母親對她來說無疑是生命中關係最緊密的重要他人，她是女兒的天和地，是她的「天可汗」，對她產生了長遠而巨大的影響；但另一方面，女兒對於這位務實而強悍的母親，其實仍感到有所欠缺，她如此描述童年時心中的母親形象：

> 某天學校發下一張白紙，要我們每個小孩畫一個主題：母親。我畫
> 的那張圖景象是我裹在衣服裡，衣服的一排鈕釦全是闔著眼的眼
> 睛，只有一雙眼睛是張開的，那就是母親的眼睛，如虎如豹，灼灼
> 亮亮，威不可逼視，她的帝國。我裹在她的帝國裡，飽食於她，飽
> 愛於她，但卻寂寞不堪。（頁 69）

寂寞不堪，是因為對愛仍有所期待，母親容或有自己表達愛與照顧的方式，但對女兒來說，卻仍感到匱缺不滿足。這種匱乏的感覺似乎從初生之始就開始累積：忙於農事又沒吃飽的母親沒有足夠的奶水餵養嬰兒，但好面子的她為了不讓旁人瞧不起自己家貧，仍然堅持「餵給隔壁田的人看」，讓沒奶水可吸的女兒「越吸越氣」，最後只能以稀飯熬成的米粥水來替代渴求不到的母奶（參見頁 77）；也由於農忙，母親無法時刻呵護女兒，讓這個女嬰「第一次站起來往空間漫步的姿態」無人在旁守護與鼓勵，失去注目與掌聲的女孩，只能沉默地「和自己的影子玩」（頁 77）。在這樣的環境中成長的女兒，會因此覺得「寂寞不堪」，並且由「勞動母親」的形象聯想到「匱乏」，也就不難理解了。本文第二章中亦曾提及，母親的忙碌使得女兒必須過早在某種程度上學習「自己長大」，這種情感上的欠缺，也正是女兒不斷回溯母女關係的原因。

不過，女兒的矛盾不只來自於幼年時因母親忙碌所產生的孤單寂寞，母親的性格與教養方式，方是令女兒愛恨夾纏的主因。威權的母親使用的自然也是強勢的教養之道：「身體自小即常被母親處罰，挨巴掌、挨衣架抽、挨跪，如今回想起來最恐怖的竟是挨罵。母親罵人時所有毒語毒誓都會說出，非常血性，像一把隱形的刀橫砍直劈而下，總是讓我死傷慘烈。」（頁 83）另外，節儉的母親不願為女兒買學校規定的運動服，更讓女兒的學校生活長

〔註32〕所謂共生時期，基本上是指三歲以前的「前伊底帕斯期」，在這個階段，小孩
　　　　處於完全依賴母親的狀態，父親的角色則尚未介入小孩與母親的二元關係中。

年承受著「與眾不同」的惶惶之感，這對她來說無疑也是個巨大的陰影（參見頁 242～243）。由鍾文音多次提到這段回憶，不難看出此事對她的影響之深，她更直指這種「明目張膽」的匱乏，間接造成了她的自卑與不安全感。〔註33〕這些陰影和痛苦的感受，造成了女兒情感上的衝突與矛盾，對於不知該如何取悅母親、討好母親、得到母親的愛的女兒來說，「逃離母親」的念頭於焉產生。出走成了她的生命主調，從幼時假借倒垃圾的「逃亡計畫」開始〔註34〕，到長大後以各種不同的形式離家：出外打工、北上求學、負笈學畫、周遊列國……。但是，離家的女兒真的就此離開了母親嗎？答案恐怕仍是否定的。精神分析女性主義者邱德洛（Nancy Chodorow 1944～）的母女理論，或許可以讓我們進一步理解這種矛盾的母女關係。

　　根據邱德洛的理論，嬰兒和母親的早期關係，會深刻地影響他對自我的觀感以及日後的客體關係。〔註35〕但其中男孩與女孩對母親的依戀（attachment）在某種層次上來說性質並不相同，雖然在嬰兒早期的階段，無論男孩或女孩都會讓母親感覺自己和嬰孩是一體的，不過，這種一體感在與女兒的關係中更為強烈，也持續更久。母親和女兒的原初認同與共生狀態比較強烈，母親也會將女兒視為自己的分身或延伸（頁 139）。因此母女之間的「依戀」是雙重的：「一個女孩主動依附，選擇依戀她的母親，同時也被動地，並非出於選擇地，被母親所依附——宛如母親的附件或延伸。」（頁 148）因此在伊底帕斯時期父親的介入，反而可能「成為自由的象徵」（頁 156），讓女兒有機會脫離與母親緊密依附的關係。但是女孩儘管在原慾上轉向父親，並不表示她就此放棄或替代了對於母親的依戀（頁 164）。對母親的矛盾情緒始終伴隨著女

〔註33〕見陳孅文〈伊能靜 vs.鍾文音：百變精靈／不斷向昨日告別的女人〉，《聯合文學》第 220 期，2003 年 2 月出版，頁 49。另外關於這段運動服的回憶，鍾文音至少提過三次，除了上述引文外，在《昨日重現》一書中提到：「小學學校的體育服母親也不給買，於是我長年在團體裡穿著和別人不一的款式，一直是十分奇特之景。不知後來的邊陲惶惶之感是否是當年的大陰影所致。」（頁242～243）；另外在訪談中她也提過這個事件的影響，當時在體育課上成為「異類」的感受，不僅形成她的匱乏，時時裝病來逃避上體育課的她，久而久之甚至有種殘障的感受。見許薇宜採訪〈挖掘，正以一種姿態行進著〉，《野葡萄文學誌》2004 年 10 月號，頁 47。

〔註34〕見附錄四、鍾文音訪談紀錄，頁 335。

〔註35〕見 Nancy J. Chodorow 著，張君玫譯《母職的再生產：心理分析與性別社會學》（台北：群學出版有限公司，2003 年 10 月初版），頁 98。本段有關 Chodorow之理論，均整理並引用自本書，故僅註明頁碼，不另附註腳。

孩成長中的分離與個人化過程（separation and individuation）：她雖然渴望獨立，但越來越多的自主性也代表著必須逐漸放棄原先與母親之間的共生聯繫〔註36〕，這種愛恨交織的情緒，使女孩不時「在對母親的完全拒絕（母親代表了她嬰兒期幼稚的依賴）以及對她的完全依戀之間擺盪，在認同母親之外的任何人以及覺得自己是母親的分身與延續之間擺盪，而她的母親經常也像一面鏡子，表現出和女兒一樣的執念。」（頁177）

　　從鍾文音的作品與言談中，我們可以清楚看到這種擺盪在排斥與依戀之間的矛盾情感，因此每每在說了母親的不是之後，她總會急忙補充母親的好，就如同前面的引文，儘管形容母親是黑暗的深淵，她仍不忘強調「不是說自己的母親不好」；回憶母親各種處罰孩子的方式之後，她也立刻補充母親仍有溫柔之時（參見頁83）。在訪談中，她亦曾提及這種對母親的矛盾情感所造成的困擾：

> 我這幾年比較同情她，我以前可能很討厭她，是一種又感傷又嫌惡的情緒，這對成長非常不好，因爲你等於相當程度地嫌惡和你一生血緣連結的人，否定母親不等於也在暗示否定自己，那是非常困擾的。不論喜歡或感傷都還是情感的，可是嫌惡有一種你不希望去認同她這個媽媽的感覺，這從小就是個可怕的夢魘，比方她到學校你就希望她不是你媽媽，你不要去認她，可是這很恐怖，這種話我說不出口。其實在處理母女的感情上，很多人說我寫得血淋淋，可是這種太極端的話語，我倒不覺得我有寫到，因爲眞相恐怕更殘酷。
> 〔註37〕

「眞相恐怕更殘酷」，但書寫仍是敦厚的，這是靠著女兒對母親的愛來支撐。鍾文音其實從未眞正切斷與母親之間的緊密連結，這個離家的女兒其實是帶著母親一起離家的，不論距離多麼遙遠，旅程多麼漫長，母親彷彿仍然在她身邊：突尼西亞一位包著頭巾，牽著小女孩的母親，可以令她想起兒時母親幫自己剪西瓜頭的畫面；〔註38〕在巴黎尋找莒哈絲、卡蜜兒、西蒙波娃生命歷史的足跡時，她們亦成爲己身的一面鏡子，令她不時回望自己與母親的關

〔註36〕 此處有關邱德洛的理論，係參考林素英〈流放者之歌：試論母職理論與《客途秋恨》中之母女關係〉，《中外文學》第28卷第5期，1999年10月出版，頁51。

〔註37〕 見附錄四、鍾文音訪談紀錄，頁328～329。

〔註38〕 見鍾文音《永遠的橄欖樹》（台北：大田出版公司，2002年5月初版），頁26。

係。於是「母親宛如沉默的迴音，不斷地響徹在流離的旅途裡」〔註39〕，最終她甚至體認到，「我來到巴黎，不是為了旅行，是為我自己，為我母親見證她所沒有經歷的世界」。〔註40〕因此我們發現，即使走到天涯海角，鍾文音也從來沒有真正離家、離開過母親，她的書寫、思想、愛與矛盾，始終與母親緊緊糾結在一起。這種母女間疆界不明、彼此糾結的問題，若用理論的觀點來思考，或許仍有值得再討論與分析之處〔註41〕，但在現實生活中，鍾文音自有其解決之道，和母親「一輩子彼此不了解」〔註42〕的她，最終體會到：「我們彼此是靠著信任而不是了解來相處的，信任就是不管如何，我們所作所為的動機都是為對方好。」〔註43〕有了這層體認，母女之間一切的差異與衝突，都得到了化解與原諒的可能。

二、開啟塵封的家庭秘密：《海神家族》

　　相較於鍾文音以母親和自己為圓心所拓展出的家族系譜，陳玉慧的《海神家族》主要則是以線性的方式，呈現出從外婆、母親到女兒三代女性，在家族中的經歷、成長與愛恨。而埋藏在每一個家族成員心中的秘密，則可說是影響他們彼此之間關係與互動的重要關鍵，因此筆者擬由此一角度切入，試圖探索家庭秘密是如何改變了個體對家與家人的看法，對認同又可能產生什麼樣的影響。

　　「秘密」在《海神家族》一書中所扮演的重要角色，幾乎可說是從小說

〔註39〕見鍾文音《情人的城市》（台北：玉山社出版公司，2003年8月初版），頁252。

〔註40〕同前註，頁337。

〔註41〕雖然不同流派的理論對於母女關係的分析各不相同，但從精神分析的角度來看則多半認為母女關係間充滿了矛盾與張力，例如克莉絲蒂娃便認為，雖然小女孩與小男孩同樣必須透過與母親分離——也就是象徵性的「弒母」（matricide）過程——才能成立自我，但小女孩顯然比小男孩更難完成弒母的工作，「因為我就是她（從性別或自戀的角度來看），她就是我」見 Kristeva, Julia. *Black Sun: Depression and Melancholy.* Trans. Leon S. Roudize. New York: Columbia UP, 1989, 29，也就是說，因為性別認同使得小女孩與母親的關係十分緊密，要與母親分離來成立自我也就格外困難，也因此容易出現各種矛盾的情緒。女性主義理論家珍‧芙雷絲（Jane Flax）則與邱德洛的立論不同，她認為女性應該保有界定清楚而非含混不明的自我，如果女性無法與母親作出區隔，勢必會威脅到個別自我的發展。見林素英〈流放者之歌：試論母職理論與《客途秋恨》中之母女關係〉，《中外文學》28卷第5期，1999年10月出版，頁52。

〔註42〕見鍾文音《奢華的時光》（台北：玉山社出版公司，2002年5月初版），頁197。

〔註43〕同前註，頁197。

甫開端就已經悄悄展開：千里眼與順風耳這兩尊神像的典故，在世上只剩下靜子母親與心如阿姨兩個人知道，而神像的背後，掩藏了一個與身世有關的家族秘密。秘密的內容說來並不複雜 —— 心如阿姨其實是綾子外婆與秩男叔公的女兒，兩尊神像則是林秩男當年逃亡時所雕刻，託人留給綾子的禮物。但綾子、靜子與心如三個人面對這個秘密的態度，不僅決定了她們多年來的相處模式，也連帶影響了家族中的其他成員。秘密之所以如此重要，是因爲所謂秘密既然是「隱藏不說的事」〔註44〕，它就必然具有「劃出界線」的性質，也就是將人我之間的區隔，以對秘密的知情與否來劃分。而家中成員所處的位置，則決定了秘密如何對他們產生影響：

> 生活在家庭的核心秘密之外，可以形塑認同與行爲，造成缺乏自信、
> 疏離、猜疑的感受，並且會在資訊不足下做出重大決定。然而生活
> 在秘密之內，則可能會因責任、權力、焦慮、保護、羞愧、負擔、
> 恐懼，而創生出奇特的混合物。主要基於你是如何生活在某個秘密
> 之內。〔註45〕

因此，在理解這個家族中成長的女兒，如何看待自己與母親的關係之前，有必要先檢視綾子、靜子、心如三人，又是如何處理此一家庭的核心秘密。

　　身爲家庭秘密的創造者，對於綾子來說，她和小叔秩男之間的感情，是一個必須隱藏在心中，絕對不能公開的秘密，她保守了這個秘密一輩子，「沒有人知道綾子和秩男叔公之間究竟發生了什麼，綾子至死也沒說。」〔註46〕然而，就算不透過語言的揭露，秘密仍然會以其他的形式滲透出來：她對往事諱莫如深的態度、對子女的偏心、旁人的閒言閒語……，讓兩個女兒靜子與心如仍由不同的方式猜測與獲知了秘密。其實綾子雖然不願正式公開心如的身世秘密，內心畢竟是希望心如能和親生父親相認的，因此她以曖昧的、拐彎抹角的溝通方式，讓女兒知道自己的身世：當心如到了上學的年紀，第一次要填家庭資料的時候，綾子告訴女兒，父親欄要填「父不詳」。女兒最初以爲自己的父親名叫「父不詳」，但後來她與母親爭執，父親明明是林正男，

〔註44〕見約翰‧布雷蕭（John Bradshaw）著，鄭玉英、趙家玉譯《家庭秘密：重返家園的新契機》（台北：張老師文化有限公司，1997 年 9 月初版），頁 78。

〔註45〕見伊雯‧殷伯 —— 布雷克（Even Imber-Black）著，侯維之譯《秘密，說還是不說》（台北：張老師文化有限公司，2001 年 7 月初版），頁 23。

〔註46〕見陳玉慧《海神家族》（台北：印刻出版公司，2004 年 10 月初版），頁 133。本節中再度引用此書時僅註明頁碼，不再另加註腳。

母親綾子對她沒完沒了的詢問，每每只報以難看的臉色。直到有一次，綾子抓著她的肩膀說：「你不要寫父親林正男，也不要說父親是林正男，好嗎？」看到母親的眼淚，女兒答應了母親的請求，但當時才七、八歲的她，已查覺秘密的存在：

> 那時她便在母親的眼神裡看到一些疑問，看到母親靈魂深處有一個
> 秘密。但她年紀太小了，沒有辦法提出具體的問題，等她稍微大一
> 點，她也想過，母親的悲傷一定跟父親不在有關，她卻一直沒大到
> 可以問母親這個問題，她從小最大的希望便是快一點長大。（頁 281）

當時的心如雖然沒有能力靠自己解開秘密的真相，但不表示她缺乏感受到秘密存在的觀察力，她甚至「有一種直覺，不但是她父親，連這個二叔父也是個秘密」（頁 286）。對於母親為何一直堅持要讓遠在巴西的二叔父收養她，她找不到答案，從而產生了將被母親拋棄的疑懼，她認為母親想把她丟給二叔父照顧，因此一旦被收養之後，就必須離開母親到巴西去（參見頁 286～287）。在此我們看到保守重大的核心秘密，如何對於生活在秘密之外的家庭成員，造成了疑懼與困惑的影響。一直到三十多歲第一次聽到叔父親口承認是她的父親之前（參見頁 303），心如在建立身分認同的成長過程中，始終是活在「父親為何是父不詳」這個巨大的問號之中的。

另一方面，靜子則是在少女時代，透過不同的方式得知了家庭秘密。一次她獨自出門，一個眼熟的男人駕著牛車順道載她一程，在路上她覺得那人表情猥瑣打算下車，男人卻對她說：「別急，是不是跟你阿母一樣趕著要去偷客兄？」回家後她問母親：「什麼是偷客兄？」但母親冷漠地沒給任何回答。當她明白「偷客兄」的意思之後，對母親的怨恨讓原本就已存在著矛盾的母女關係更顯雪上加霜（參見頁 131）。母親總是什麼都不說，什麼都不肯告訴她，讓她覺得母親「不信任她，也沒注意到她長大了。」（頁 173）對靜子來說，被排拒在秘密之外增強了她對自己在家庭中處境與地位的認知：她是不被愛、重視與信任的。於是「知道母親的秘密」成為一個新的秘密，當母女關係再次陷入緊張狀態時，母親的秘密成為她用來反擊母親的「秘密武器」，在母親反對她和丈夫二馬的交往時，她搬出這個利刃般的武器，對母親說：「你和二叔的事情你以為沒有人知道嗎？」（頁 159）這句話造成的後果，是讓綾子多年不與她聯絡，但這個秘密對母女關係所造成的傷害，其實早在此刻之前就已展開。

不被母親愛與信任的感受從小就如影隨形地跟著靜子，母親不公平的態度更讓她把怨氣轉移到妹妹身上，姊妹情誼也因此遭到傷害。「她總是說，心如擁有一切，而她什麼都沒有，她好像是別人家的女兒，而不是綾子的女兒。」（頁 127〜128）於是在這個家裡，母親和女兒都各自孤單地活著。如果說「錯綜複雜的家庭幾何學在秘密誕生的那一刻就上演了」〔註47〕，我們看到綾子、靜子與心如雖然在某種程度上可說是保守著同一個秘密（當然對秘密內容知情的程度有所不同），但秘密在她們之間並非「共同」守密的結盟形式，而是各自用自己的生命去鎖住秘密，三個人的生命因而成爲三條平行線，也註定了彼此間孤單、疏離的互動模式。

另一方面，家庭秘密之所以重要，是因爲它從來不會只牽涉到家庭成員中的少數人，事實上，靜子與母親綾子之間的關係，也多少決定了她如何成爲一個母親，如何對待自己的子女。如同不少母女關係之探討或母職（motherhood）研究所指出的：幼年的母女關係往往影響了母職模式的複製〔註48〕，「自己與孩子的關係往往是從前與母親關係的翻版」，儘管她們時常以「我絕對不要重複我母親那樣的做法」、或「我不要變成我母親那個樣子」來提醒自己避免重蹈覆轍，但是「這項嘗試通常會失敗或者無法如其所願。有時甚至是適得其反，舊有的模式又被鞏固。」〔註49〕靜子在扮演母親這個角色時，與綾子間驚人的相似性，似乎也與此說法互相印證。她彷彿忘了身爲一個女兒時的感受，不自覺地代入綾子的身分，讓女兒「我」（小說敘述者）〔註50〕承接了自己當年的孤單寂寞。

〔註47〕 見伊雯・殷伯－布雷克（Even Imber-Black）著，侯維之譯《秘密，說還是不說》（台北：張老師文化有限公司，2001 年 7 月初版），頁 49。

〔註48〕 有關幼年的母女關係如何影響母職模式的複製，可參見曾端眞〈幼年的母女關係與母職模式〉，《應用心理研究》第 7 期，2000 年 9 月出版，頁 36。她並指出，原生家庭的母女關係，並不會直接導致未來母職的失敗，但是失功能的母職常可從原生家庭的母女關係找到錯誤的建構。

〔註49〕 以上引號內文字均見芭貝・瓦德茲基（Barbel Wardetzki）著，林敏雅譯《女性自戀：女人的認同渴求與自我價值感》（台北：商周出版，家庭傳媒城邦分公司發行，2005 年 4 月初版），頁 119。

〔註50〕 《海神家族》一書不同於其他家族書寫的作品之處，在於陳玉慧雖說此書爲「混合式的自傳體」，（見明夏文，陳玉慧譯〈丈夫以前是妻子 —— 評論家丈夫明夏專訪小說家妻子陳玉慧〉，收錄於陳玉慧《海神家族》（台北：印刻出版公司，2004 年 10 月初版），頁 327。）然書中人物姓名多爲虛構，雖然最後爲外籍丈夫取中文名字一段，用了眞實生活中丈夫的姓名「明夏」，（頁 315）但由於陳玉慧在書中僅以「我」而非以自己眞實姓名出現，因此筆者在敘述時亦僅以「我」或「女兒」來稱代之。

　　靜子曾在年幼時的一次空襲警報中，因熟睡而沒聽到母親綾子的呼喚，最後綾子放棄了沒有出來的女兒，帶著其他孩子逃離。當警報解除後，半條街的房子都著了火。靜子站在門口，對抱拉著兩個孩子回來的母親安靜地說：「我醒來時，你們都不在了。」但是疲憊虛脫的綾子沒有給予溫柔的回應，無來由的恐懼讓她甩了靜子一巴掌（參見頁 48～49）。獨自被留在家中的靜子，在空襲時是如何恐懼、孤單與驚慌，並且覺得被母親與家人遺棄，是可以想見的。但是當她自己也做了母親，在類似的狀況時，她並沒有因為當年被遺棄在家中，而堅持帶走每一個孩子，相反地，她選擇了與綾子類似的處理方式。在突如其來的大地震發生時，她僅僅拍打著女兒熟睡的臉：「房子快倒了，大家都快死了，你還在睡！」之後便毫不理會地抱拉著其他孩子往外走（頁141）。於是我們發現，不曾被愛過的母親，學不會如何愛自己的子女，相似的家庭劇碼，因而在兩代之間不斷重演：靜子總覺得綾子溺愛兒子，她不平地埋怨：「兒子又有什麼了不起」，卻不記得自己有多少次對著女兒們說：「要是能生個兒子就好了。」（頁 130）；同樣地，她在對女兒訴說綾子有多麼偏心，「不打她的心肝兒子也不打她的心肝小女兒，只有獨獨打我」的時候，也忘記了她自己又曾經多麼用力地打女兒（頁 131）。最後，因為得不到母親的愛，年紀輕輕就急著想要離開母親的靜子，卻成為第二個綾子，生養出想要離家的女兒──就如同當年的自己一樣。女兒更暗自發誓：「無論將來我的生活會怎麼樣，我都不能跟她一樣。我絕對不能有那樣的人生觀。」（頁 7）儘管這樣的誓言如此熟悉，讓人懷疑女兒又將如前所說的，越是想要避免重蹈覆轍，反而跌入同樣的惡性循環之中，承繼外婆、母親以來代代相傳的家庭宿命，但是事實上，母職模式的複製，並不代表就完全沒有改變或超越的可能，如果將母女之間的傳承視為一成不變的刻板套印，又未免過於悲觀與簡化了。

　　其實，幼年的成長經驗固然會對個體產生無可避免的影響，但是如何受到過去經驗的影響，仍是由現在的個體所決定。〔註51〕就如同筆者在上一章討論早期記憶時所強調的，早期記憶究竟是否屬實並不重要，因為當它被「現在」的個體所召喚或創造時，它就必然具有重要性。同樣地，如何詮釋過去

〔註51〕如曾端真所言：「人雖然是過去到現在的延伸，但是過去的經驗未必對個人產生決定性的影響，或直接陷個人於困境，而是由現在的個體來決定如何受過去經驗的影響。」見曾端真〈幼年的母女關係與母職模式〉，《應用心理研究》第 7 期，2000 年 9 月出版，頁 38。

的經驗,是從中記取教訓抑或重蹈覆轍,仍然有個別差異的存在,個體並不完全是被命運與經驗牽著走的。正因如此,靜子母女雖然同樣「得不到母親的愛」,在成長過程中更為此深受影響,但由於觀看與詮釋的角度不同,也就決定了母女關係是否有改善的可能。靜子雖然承認從小父母雙亡,由舅舅撫養長大的綾子和她一樣是個「沒娘愛的孩子」(頁127),但由於她心中在意牽掛的焦點,一直放在母親「偏心」的這個部分,因此她從不認為母親沒有愛的能力,只覺得母親不愛自己。直到母親去世,她才驚覺「那麼多年,她倔強地消極地甚至用盡生命力氣與自己的母親對抗,她以為她沒有母親,但是現在她知道她有,只是她母親已經死了。」(頁135)

　　對靜子來說,真正的和解與原諒已經太遲,但對她的女兒來說則不然。當她在回望母親與自己的關係,並追溯母親的故事時,塵封多年的家庭秘密也逐漸浮現出具體的輪廓。為了叔公秩男能否葬在外婆綾子的墓旁,心如與靜子多年來一直僵持不下,帶著阿姨的請託,又不願傷害母親的女兒左右為難,卻因此深刻地體會到:「那麼多年,他們是怎麼活過來啊,他們全把秘密壓抑在心底裡,勉強存活,有苦說不出,被強烈的情感拉扯著,但努力維持那麼一點尊嚴。我何德何能,能為他們的生命找尋出口。」(頁272)當家庭故事的拼圖完成之後,她看到母親如何為家庭秘密所苦,也才真正了解她的命運其實和自己何其相似:「我們都是沒有人愛過的小孩,長大後不知道如何愛別人。她是,我也是。」(頁145)

　　透過回溯,透過書寫,女兒設身處地地將自己代入母親、外婆生活的那個時代,代入她們的角色、情感與思想,從而看到母親是如何隱藏自己對愛的想望,來支撐沒有被真正愛過的人生,當她終於體會到母親「雖然沒有愛過我,但也沒有人愛過她。」(頁145)寬容與諒解也就於焉產生。正如同她在訪談中所提到的:

> 更早之前,我與父母有許多問題,我以前想,他們不但不了解他們的孩子也從來沒愛過他們的孩子,在寫作中,我能夠意識到當時他們忙著維生及處理自我心理的衝突和矛盾,哪有時間愛孩子?他們連自己都不太了解如何了解他們的孩子?……我的父母可能真的沒有愛過我,但有誰愛過他們?這個認知使我完完全全接受他們,使我對人世少一點質疑,多一點寬容。〔註52〕

──────────────
〔註52〕見明夏文,陳玉慧譯〈丈夫以前是妻子──評論家丈夫明夏專訪小說家妻子

回望父母，是尋找自己、建立認同的必經之路。完美的父母親或許很少，但誠如芭貝・瓦德茲基（Barbel Wardetzki）所言：「當然在人生某些階段我們會怪罪父母，……這也許是重要而且必須的。然而除此之外，我們也可以將自身的問題視爲必須去克服和和解的命運。之所以有這樣的父母親也許是因爲，我們得要在與他們的關係中找到自己。」〔註53〕

第三節　家屋、生活空間與認同

一、家屋、生活空間與認同

本章前兩節分別由父系和母系認同的角度切入，討論了家族書寫的兩大方向。然而如果回歸「家」的概念來思考，「家」除了具有「家庭」（Home）的意義之外，也包含了「家屋」（House）之義，家庭的生活空間對自我認同的影響力亦是不容忽視的一環。但一般在討論家族書寫時，多半將焦點著重在「人」的部分，「家屋」對個人產生的情感意義則似乎較少被論及。其實若細究這些家族書寫的文本，仍可發現個人對「家」的概念，與居所的「物質空間」是不可分割的，它不僅幫助我們由更細微之處認識自己與他人，也多少形塑了個人對「家」之意涵的界定與認同。

社會學者克蕾兒・馬可斯（Clare Cooper Marcus）對於家屋和認同之間的關係，曾有相當深入的研究與論析，她指出：

> 隨著人在生命中改變並成長，影響我們心理發展的不只是與他人之間富於意義的情感關係，還包括與某些重要的、源於兒時物質環境之間的密切情感連結。……人會在意識中或潛意識中「運用」家屋環境，以傳達出一些關乎個人的資訊。……我們居住的地方就是個體化過程的回音。……家屋是吾人社會地位的象徵符號，這點社會科學研究者已多所著墨，但是，家屋的內部與內容物是內在心理自

陳玉慧），收錄於陳玉慧《海神家族》（台北：印刻出版公司，2004年10月初版），頁324。另外她在接受筆者訪談時亦曾提到：當「有誰愛過他們？」這個問題出現的時候，對於過去在意的家族愛恨等問題，她就已經釋懷了。參見附錄三、陳玉慧訪談紀錄，頁314。

〔註53〕見芭貝・瓦德茲基（Barbel Wardetzki）著，林敏雅譯《女性自戀：女人的認同渴求與自我價值感》（台北：商周出版，家庭傳媒城邦分公司發行，2005年4月初版），頁70。

> 我（inner psychology self）的明鏡，這點卻少人留意。……無論有否
> 意識到，綜觀一生，我們的家屋及其內容物都強有力地陳述出我們
> 是誰。〔註54〕

而家族書寫既然與「我是誰」這個問題息息相關，家屋與家人都可說是自我
的延伸，因此除了與家族成員的互動之外，家屋、生活空間與自我認同之間
的關係，亦有必要加以釐清，並從中觀察居住的生活環境如何為「我是誰？」、
「我的家人是什麼樣的人？」和「家的位置與意義為何？」等問題，提供一
些線索，讓個體從「家屋」中找到「家」的答案。筆者以下即試圖從這三個
角度切入，探討家屋、生活空間如何形塑與影響個人的認同。

二、生活空間所映照出的自我 —— 「我是誰？」

> 一九六九年，我誕生於台北的鐵路醫院。這個誕生地聽起來就像鐵
> 路餐廳一樣的滑稽。讓我聯想到車站擁擠的人潮，冒著黑煙的火車，
> 鐵軌的油漬，躲在角落的空便當盒發出臭酸味，還有黏著白痰、鼻
> 涕、尿液、果汁、汽水的地板，這些畫面全和我的嬰兒床混在一塊
> 兒，以至於我從來不願意再回到那個地方去求證、憑弔，甚至根本
> 不相信有什麼鐵路醫院的存在。〔註55〕

生活空間如何對個人自我概念的建立產生影響，從上述郝譽翔《逆旅》
的這段文字已可略窺一二。在何處誕生看似與個人日後的生活毫無關聯，但
它卻是嬰孩與這個世界接觸的第一個空間，這個最初的生活空間在一定程度
上已可和「我」產生有效的連結，成為個人生命的一部分與指稱「我」的符
號之一。如果說「不認同」也是認同的一種形式，郝譽翔不願與「鐵路醫
院」發生關聯的態度，基本上已經展現了空間對認同的影響，而文中對「鐵路醫
院」一詞所產生的污穢、擁擠之想像與反感，也多少投射出她的性格與價值
觀。當然，誕生地點畢竟只是個暫時的居所，不太可能對個人的認同造成相
當緊密或深遠的影響，但它提醒了我們，個人從初生之始的生活空間，都會
成為我們經驗中的一部分，並且或多或少地與我們的內在產生聯繫。

不過，由於記憶無法追溯到嬰兒時期，因此不論誕生地點無論多麼平凡

〔註54〕 以上引文摘自克蕾兒‧馬可斯（Clare Cooper Marcus）著，徐詩思譯《家屋，自
我的一面鏡子》（台北：張老師文化有限公司，2000年10月初版），頁10～21。
〔註55〕 見郝譽翔《逆旅》（台北：聯合文學出版社，2000年3月初版），頁25。

或特殊，嬰孩對這個生活空間的感受又是如何，都只能埋藏在潛意識之中，必須靠著他者的述說方能重建當時的時空，並依此建立對誕生地點的認同或不認同。但童年時期生活的特殊景點則不然，「童年是開始意識到自我的時期，我們開始視自己為獨特的個體。……由於心靈很難以抽象的方式捕捉住一段光陰，因此，我們習慣透過自己對居住地點的回憶，來與之建立連繫。」〔註56〕在這個階段，孩童除了開始探索自己生活的空間之外，也常創造出一個屬於自己、不為人知的秘密空間，這種秘密的藏身之處或私人空間，除了遊戲取樂的性質之外，對於自我認同來說其實也富有相當重要的意義：

> 我們的藏身地點就是正在萌芽中的自我的具體表徵，而「自我」正在遠離父母與家庭。透過藏身地，我們在生命中首次嘗試定居，嘗試佔據一個特殊地點，並將個人的色彩注入其中，且（在潛意識中）思索著自己的成果。……對於大多數人而言，童年的住處及其週遭環境是首度讓我們體認到自己是獨一無二的個人的地方。事實上，較之往後，當時我們對於自己真實自我的認知可能還更加明確，因為再晚些，來自社會與家庭的期許可能會在心靈上方蓋上有如面具一般的膜蓋。故此，回首頻顧童年時代的地點以更深刻地了解自己，更有著不可或缺的重要性質。〔註57〕

駱以軍的《遣悲懷》一書雖然並非家族書寫的作品，但其中一段對於童年時秘密空間的回憶與描述，卻十分生動地呈現出藏身之處對兒童的特殊意義。小學校園裡一個大木箱加上樓梯間死角所構成的狹小空間，成為當年那個八歲孩子的「秘密洞」，在每一堂課的下課時光，躲進並臥躺於黑暗狹小的秘密洞中，則成為一種幸福的儀式：「沒有人記得那只大木箱後面還有一個三角形的狹窄空間。『秘密洞』便成了那個迷你小學裡一處『不存在』的空間。……而這件事只有我知道。……在那每一段的下課時光，我成為一個不存在之人。那是何等幸福甜美的時刻。」〔註58〕但原本打算獨自「享受」這個秘密空間的他，忍不住將藏身之地告訴另一個男孩，於是秘密洞不再是個秘密，秘密洞裡遺留下來的垃圾暴露出其他造訪者的足跡，所以他決定進

〔註56〕見克蕾兒‧馬可斯（Clare Cooper Marcus）著，徐詩思譯《家屋，自我的一面鏡子》（台北：張老師文化有限公司，2000年10月初版），頁32。
〔註57〕同前註，頁49～50。
〔註58〕見駱以軍《遣悲懷》（台北：麥田出版，城邦文化有限公司發行，2001年11月初版），頁68～69。本節中再度引用此書時僅註明頁碼，不另加註腳。

行下一個計畫。他帶著那男孩再次鑽進秘密洞，但這一次不像平常上課鈴響時就走回教室，而是安靜地繼續待在洞裡，在這個八歲孩子的想像中：

> 時間自然會流失（在秘密洞之外的世界）。我們只要捱過了那做爲邊界的上課鈴響，所有的小朋友會像被吸塵器吸進教室那樣一個不剩。這時候除了教室（那些日光燈框格裡老師帶著小朋友像夢遊一樣地讀書），這所小學的其它角落便處於一個「時間真空」的狀態。……這時我們便可以鑽出秘密洞（短暫的不在時刻），穿過無人的校園（作爲時差的曖昧地帶），然後大搖大擺地走出這所爛小學的大門，從此徹底自由（成爲永遠的不在）。（頁 75～76）

這個計畫最後想當然爾地因老師對於缺席學生的警覺而宣告失敗，但在這段有關秘密洞的敘述中，藏身之地對於這個八歲孩子的意義卻是相當值得注意的。表面上童年時的駱以軍對秘密之地的想像與期待，是一種離群的渴望，這種離群的需求從每次下課時短暫的消失，進一步擴展爲「成爲永遠的不在」。但由他仍將這個原本專屬於自己的重要秘密與他人分享，就可知道秘密地點所具備的心理功能除了讓他成爲一個「不存在之人」以外，恐怕還有一層更幽微的意涵，就是讓自己也有一個值得珍視的重要之物，可以被他人所肯定。換句話說，離群的背後隱含的，仍是渴望被接納與認同的需求。

　　有趣的是，這個珍貴秘密的分享者，並不是什麼推心置腹的好友，而是一個「至今完全不解那時爲何會挑選這個傢伙？」（頁 74）的平庸男孩。這其實正呼應了前文所言，童年時期對真實自我的認知，往往較成人時更加明確且不加假飾。成人的眼光掩蓋了當年的記憶，成年後的駱以軍認爲「即使如今刻意拉回八歲時的品評眼光，他實在仍是一個平庸的跟班（幫手？共犯？僕傭？隨從？）。他還曾經在課室座椅上大便在褲子上咧。」（頁 74）然而事實上這個平庸的男孩當年之所以雀屏中選，或許正在於他如此平庸。對於年幼的駱來說，這是一個願意聽從自己的計畫、甚至對自己流露出「由衷的敬畏神色」（頁 76）的男孩，是一個可以並且願意肯定自己、接納自己的對象。雖然就某方面來說，男孩的膽小平庸使他並不見得是個適合一同冒險的理想夥伴，但他卻是一個絕對「安全的」、「不具傷害性」的同伴，而藏身於無人知道的秘密洞中，多少正與尋求安全感的需求相關。就如同《月球姓氏》裡提到一段有關動物園的回憶，不同於自比爲「大象哥哥」與「孔雀姊姊」的兄姊，年幼的駱大聲道出他所選擇扮演的角色：「蛋弟弟。」儘管被眾人嘲笑：

「動物園裡又沒有蛋。」他仍賭氣堅持自己的決定。〔註59〕「蛋」這個看似與當下時空情境並不符合的選擇，所象徵的意義和校園中的秘密洞何其相似？它們都同樣具有安全、庇護、遠離外界危險的特色，這恐怕也正是這個年幼孩子最大的心理需求。

　　除此之外，有關於「秘密洞計畫」的失敗還有一個值得注意之處，就是當老師警覺到孩子不在座位上之後所進行的翻查書包之舉，讓駱以軍引為「那是我一生的恥辱」。那天，書包內裝著「要度過餘生，非如此不可」的重要物品，卻因過分緊張而留在教室中，老師搜查時便將這一件件「滑稽又慎重的物事」公布在所有同學的面前：「一隻肚腹破綻露出木屑填充物的髒布熊、一本漫畫大王、一只奶瓶（那之後全班的人都知道我到二年級了還用奶瓶喫奶）——最可恥的還在後面——那是一整疊作成明信片的，夏玲玲在『金玉盟』裡演香格格的劇照。」（頁76～77）這段文字除了讓我們看到一個孩子也有維持私隱的需求之外，更可注意的是這些物品之所以會帶來「羞恥」的感受，正是因為個人化的物品基本上代表了某種自我的符號，它說明了有關「我」的喜好、性格、習慣、甚至價值觀等重要的訊息。書包尚且如此，個人居住並加以佈置或設計的生活環境，自然能提供更多判斷自我或他人的訊息，以下就進一步討論個人化空間如何成為理解家人的途徑之一。

三、個人化空間中流露的價值觀——「我的家人是什麼樣的人？」

　　在本文所討論的眾多家族書寫文本中，陳玉慧的《海神家族》一書可以說最能充分體現精神層面的「家庭」與物質層面的「家屋」一體兩面、不可分割的特性。她曾提到：「既然是家的故事，我也將家的物質結構分成幾個房間，每個房子有自己的人物和故事。」〔註60〕因此一個個房間所述說的，就是家人的故事、家的故事。但值得注意的是，這些房間內的故事並非以小說中較大比例的第三人稱敘事觀點來進行描述，而是以小說敘述者的角度，用「我」的眼光來看外婆、母親、父親、叔公的房間與過往。「房間」這個私密空間所透露出的訊息，則讓「我」得以拼湊出沉默家人的面貌。

〔註59〕參見駱以軍《月球姓氏》（台北：聯合文學出版社，2000 年 11 月初版），頁65～66。本節中再度引用此書時僅註明頁碼，不另加註腳。

〔註60〕見明夏文，陳玉慧譯〈丈夫以前是妻子——評論家丈夫明夏專訪小說家妻子陳玉慧〉，收錄於陳玉慧《海神家族》（台北：印刻出版公司，2004 年 10 月初版），頁 329。

　　童年時的「我」懼怕嚴厲而沉默的外婆綾子，語言不通的祖孫兩人很少交談，外婆也「不喜歡我去她的房間」〔註61〕，偷窺外婆的房間便成爲她認識外婆、想像外婆的唯一方式。外婆的房間裡收藏了少女時代的回憶：「衣櫃中有一套和服，床几上有她收集的一些娃娃，我知道牆上有一張少女照片是外婆。」（頁66）但是對年幼的「我」來說，那只是「一個外國人的房間，我盯著牆上的相片，只覺得她像日本女鬼，我暗中詛咒她。」（頁66）不愉快的相處經驗，決定了注視與詮釋的眼光，於是外婆的房間就如同外婆一樣，充滿了隔閡、禁忌，令人難以進入與理解。直到外婆去世之後，「我」才發現祖孫之間的仇怨始終來不及化解，「我似乎有意不想知道外婆的事情，我看著墓碑上外婆的名字，這個名字與多少記憶緊緊聯繫，而那些記憶過去卻被我掩埋在心裡的角落。」（頁64）但是回頭挖掘家族故事的同時，「我」看到埋藏在外婆心中一生的秘密，理解了她的愛與苦，外婆那充滿記憶的房間，彷彿也因「滿月的亮光」而變得柔和起來。〔註62〕而當家庭秘密終於得以開啓，叔公秩男也不再是個禁忌的名字，小時候在外婆家住過的房間如今成爲「叔公的房間」，房間內除了「堆滿與他有關的紙箱，一些木雕和塑像」（頁273）之外，桌上一張叔公、外婆和外公的合照，不僅彷彿道出了叔公與外婆的故事，也訴說著擺放這張照片的心如，希望化解三人所帶來的家族恩怨與秘密的心意。

　　然而，當「我」有機會重新審視外婆與叔公的房間時，他們都已不在人世，房間內的一切不管訴說出多少他們的過往與人生，也無法改變「我」與他們之間的關係。不過在父親二馬的房間，父女關係卻似乎展露出改善的一線曙光。這個位於台北郊區療養院內的房間，除了瀰漫著藥味與制式的陳設之外，仍有足以代表自我的個人化物件，其中置放在房間一隅的物品，讓女兒看到了父親的另一面，這是她從未見過也不曾想像過的父親。那物品是衣櫃內的一隻皮箱，皮箱跟著父親從大陸來台，裡面裝著他珍重的物品：西裝、褲子、祖母的照片，令人意外的是還有一本剪貼簿，「那剪貼簿上貼的都是我的習作，我十八歲以後在報章雜誌發表的作品，他都一一收集，有些作品刊載在小報副刊上，連我自己也不記得了。」（頁268）多年來一直以爲「我的

〔註61〕見陳玉慧《海神家族》（台北：印刻出版公司，2004年10月初版），頁66。本節中再度引用此書時僅註明頁碼，不另加註腳。

〔註62〕原句爲：「在外婆的房間，這個記憶的房間，這個歷史的房間，滿月的亮光使房間籠罩著一股柔和。」同前註所引書，頁65。

父親從來沒愛過我」，「我的父親是行屍走肉不管家人死活」（頁268）的女兒，眼淚終於無法控制地流了下來。父親的剪貼簿讓她真正理解，這個威權的父親、沉默的父親並不是沒愛過女兒，他或許只是不會愛，更不會表達愛。

如果說，父親在療養院內那制式、空洞的房間裡，仍透過個人的物件保留了一絲自我；母親靜子的房間則恰恰與其相反，原該擁有自我特色的個人空間，卻「看起來像普通旅館的裝潢。」（頁140）沒有特色的房間宛如沒有自我的生活，在綾子身上得不到母愛的靜子，轉而將情感寄託在未經深思的婚姻上。但婚姻並沒有讓她因此得到渴望的愛與幸福，丈夫越來越少回家，她則終日把自己鎖在房裡，不願正視少了丈夫的家。留在陰暗房間的她，「也逐漸成為一間陰暗的房間」（頁192）。直到丈夫入獄，她的生活彷彿再次出現重心，於是她離開自己的房間，開始為丈夫奔波，甚至還找了份工作照料家人的生活。然而由始至終，她其實不曾為自己活過。看著母親的人生，女兒不禁要問：「為什麼你不能自己好好地活？為什麼父親的悲劇全變成你的？」（頁140）但對靜子來說，這麼多年來丈夫就是她全部的牽掛，是她唯一真正愛過的人，他們的命運和悲劇早已牽連在一起，只是她所付出的愛沒有得到期待中的回報，到最後她終究還是只能孤單一人，把自己和所有的情感一起留在房間裡。她經常一個人在房裡看日本或韓國連續劇，「她把許多情感投注在那些誇張的戲劇情節裡，她常常在電視機面前掉眼淚，但是她不知道如何對親人表達感情。」（頁308）因為對靜子而言，房間從來不是收納生活用品的空間，而是收藏感情之地。

透過《海神家族》，我們看到房間如何以各種形式呈現出家人未曾言說的另一面。但反過來說，有時候我們之所以需要透過房間來理解家人，往往也暗示了某種較為疏離的家人關係──嚴厲的外婆、疏遠的叔公、離家的父親、沉默的母親，他們在日常生活中提供有關自身的訊息太少，他們的生活空間與私人物件，因此格外具有個人意義。在郝譽翔的《逆旅》一書中，同樣可以看到這種透過觀察房間來理解陌生疏離的家人之渴望：

> 大家坐在客廳聊天，我卻不知怎麼獨自一人走到父親的房間，那裡對我而言有一種難以言喻的神秘感。我悄悄走進那充斥著強烈髮油香味的空氣，椅子上搭滿了一件件懶散的襯衫，灰黑一片的弧狀電視螢幕映出我變形的身影，藏青色襪子縮成一團，睡在打開成八字狀的蛇皮皮鞋裡，雙人床上兩個繡著鮮紅牡丹的枕頭正

> 交頸而眠。我走到桌前，桌上堆著發票、指甲刀、發黃的剪報、
> 零錢、廣告單、鑰匙、掉了蓋子的膠水，還有長出半個黑霉的饅
> 頭，一小張薄薄的宣紙就貼在正前方的牆壁上，紙上竟是父親用
> 毛筆寫的一首詩。（頁 45）

父親的房間之所以具有不可言喻的吸引力，正因為那似乎是陌生父親展現真
實面貌的神秘地點，這個凌亂、潮濕、未加整理的房間或許未必符合「理想
父親」的條件，卻無疑滿足了孩子對陌生父親的想像，而如同本章第一節所
提過的，牆上所提的那首詩經過女兒的情感投射之後，更成為「寂寞父親」
的代言者。從此，父親的房間成為父親形象的替代物，或者說女兒找到了比
和現實生活中的父親相處更容易的方式：

> 所以我竟開始去縱容我的想像力了，甚至掉過頭去，不願再見到我
> 的父親，再同他說話，而只耽溺在我所構設出來的虛幻空間中。裡
> 面陳設永遠不變，到處披掛的衣服、雙人床、發黃的繡花枕頭、凌
> 亂的桌面，牆壁上一紙褪色的古詩，宛如一個潮濕而腐朽的聊齋，
> 不論我走到哪裡，這個四方形的空間都匍匐在我的背上，跟隨著我
> 四處旅行。（頁 49）

對女兒來說，比起和父親直接溝通，用第一眼所見的父親房間之印象來
架構並維持「寂寞父親」的想像，無疑來得容易且「安全」許多——如此一
來，她就不需直接面對父女間的疏離隔閡，甚至無話可說的窘境。由此小可
看出居住空間有時還扮演著替代或置換言語溝通的角色：「人們用環境的操控
來取代直接的言語溝通：許多人覺得，把房間弄得一團亂、拖著不建自己允
諾過的畫室，或是堅持要在廚房專設螢光燈，這樣做，會比有意識地正視自
己對感情關係的不滿要容易許多。」〔註 63〕由鍾文音的《昨日重現》一書，
就可看出對生活空間的操控，往往也傳遞了某種訊息。

《昨日重現》文中提到，由於女兒獨居的房子被母親拷貝了一份鑰匙，
母親不僅時常前來偷偷幫忙洗衣做家務，還常主動幫她「整理房子」，但這卻
造成女兒不小的困擾：

> 我在跳蚤市場細選挑回的舊物常被她棄之如敝屣。一只銅製復古小
> 電風扇就這樣子走出我的視線，被她丟了，「吹不涼嘛，轉的聲音又

〔註 63〕見克蕾兒‧馬可斯（Clare Cooper Marcus）著，徐詩思譯《家屋，自我的一面
鏡子》（台北：張老師文化有限公司，2000 年 10 月初版），頁 210。

　　大，現在新型的一大堆。」她說。……後來為了避免一朵玫瑰花洗
　　成三朵玫瑰花的慘事再發生，但又無法狠心把大門的鑰匙給換了，
　　於是就想出權宜之計，僅把睡房換了鎖。於是母親照常可興之所至
　　的到我的八里住處走動休憩，但想動我的衣物就難了。我知道她不
　　會閒著沒事找鎖匠來開我那房間的門吧，但願。〔註64〕

其實，女兒之所以想要獨居，無非是想要擁有屬於個人的私密空間，但母親
的來訪與「整理」雖為善意，卻無疑以她母親的身分挑戰了這塊空間的「掌
控權」，從她自行代替女兒決定物品的丟棄與否，就可看出她認為自己是擁有
這個空間的決定權的。對女兒來說，她無意傷害母親的情感，卻又想要保有
掌握自己的私人空間之權利，最後只得退而求其次地將房門換鎖。母親在發
現女兒房門鎖上之後的反應如何？文中並沒有進一步描述。但鎖上的房門已
是一種無聲的溝通，被鎖在房門外的母親，不論是否察覺女兒不希望自己「越
界」的心情，但就女兒的角度來說，那已是她表達情感的一種方式。

　　由上面的討論，我們已可約略看出家屋（尤其是房間）做為個人最私密
的生活空間，它不僅代表了個人的某種價值觀，其中擺放的物件、陳設的方
式等等，也都是自我表達的一種形式。藉由觀察家人的房間，我們得以更深
入地了解家人的面貌與心靈；另一方面，家屋這個物質環境的媒介，也常成
為我們與家人溝通的一種形式，我們或者藉由對空間的掌控來表達心中的欠
缺與不滿，或者訴說對隱私甚至權力的渴望。也就是說，「家屋」這個物質空
間，其實和「家」這個心靈空間一直保持著互動與對話。它的溝通對象不只
限於家人之間，甚至也可做為與外界溝通的工具，就某方面來說，家屋對於
我們如何定義並理解「家的意義」，亦有一定程度的影響。我們如何看待家庭
以外的世界，並藉此確立「家」的位置和意義，往往與家屋有著密不可分的
關係，以下試就此一部分加以析論。

四、當家與外界發生對話——「家的位置與意義？」

　　張大春在《聆聽父親》一書中，如此描述自己學習認識世界的過程：
　　每當我想起或者用到數字的排列，……都會在意識的底層殘存著這
　　麼一抹餘影，那就是有一條從我幼年時睡覺的地方（也許是一張大
　　床的床頭）牽起的繩狀的東西……將一個又一個的數字排串起

〔註64〕見鍾文音《昨日重現》（台北：大田出版公司，2001年2月初版），頁81～82。

> 來，……沿著床尾一路排向小小的客廳，……20、30 大概已經到了
> 大門口。……千位數、萬位數甚至更大的數則有一深沉黑暗的背景
> ——我知道那是夜晚的天空；它們像星星一樣、一個接著一個，被
> 那條隱形的繩索懸浮起來，稀疏而閃爍，是爲我所能想像的世界的
> 極限。……我父親告訴我的中國歷史也是這麼排列著的。即使到了
> 今天，當我去思考、理解某一個古代中國歷史的問題或事件的時候，
> 依稀仍有那麼一個模糊的空間、襯映其下。〔註65〕

這種把抽象的概念具體化以便於記憶與理解的方式，或許並不是什麼新穎的學習方法，卻足以說明生活空間除了「居住」的功能之外，還可能蘊含著更深層的意義，就是做爲個體與外在世界聯繫的媒介。幼時狹小的生活空間之所以能夠成爲「認識這世界的一個隱喻」（頁 53），是因爲對於年幼的孩子來說，「家屋」就是最重要的生活空間，從探索週遭環境、發掘或創造專屬於自己秘密地點，進而擴展爲認識廣闊的世界版圖，家屋可說是這一連串探索與學習的起點。「家屋就是我們的第一個宇宙」〔註66〕，張大春童年時的學習過程，可說爲這句話下了一個最好的註腳。

　　正因爲家屋是我們和外界溝通的管道之一，它所代表的意涵也就在與外界對話的過程中更形複雜。若我們以「家」這個整體概念來思考家的意義，會發現「家」從來不可能是一個完全封閉的單位，當它與外界發生互動時，外界的評價和眼光可能已將「家」的社會位置界定在某個階級層次，如同陳玉慧書中所提到的一段經歷：

> 二十歲離開台北前，曾邀請一個我所仰慕的男生到家裡，那時我們
> 通過幾封信，是筆友吧，第一次見面當天他堅持到我家來，我說父
> 母都不在，他說那沒關係，我只想看看你家是什麼樣子。他說，看
> 一個家的裝潢便可以知道那個人是什麼人，我當時已有不祥的預
> 感，但仍讓他走進家門，他只停留了幾分鐘便告辭了，從此再沒有
> 音訊。（頁 265）

這位停留幾分鐘就急著告辭的筆友，對家的評價顯然就是以外觀、裝潢等物質條件來衡量的。但這種以家屋整體的陳設、裝潢來推論一個家庭的社會身

〔註65〕見張大春《聆聽父親》（台北：時報文化出版公司，2003 年 7 月初版），頁 47
　　　～48。本節中再度引用此書時僅註明頁碼，不再另附註腳。

〔註66〕見加斯東・巴舍拉（Gaston Bachelard）著，龔卓軍、王靜慧譯《空間詩學》
　　　（台北：張老師文化有限公司，2003 年 8 月初版），頁 66。

分與地位其實是相當化約的做法——因爲某些人或許刻意以家屋爲「象徵地位的物件」或「美學品味的表露」來營造讚賞；但另一些人可能認爲家屋的意義是一個「避風港」，其中的陳設則以滿足情感需求或生活機能爲主——〔註67〕也就是說，並沒有一套所謂評價家屋的「客觀標準」存在。誠如加斯東・巴舍拉（Gaston Bachelard 1884～1962）所言：「在人類與家屋的這種動態共同體中，在家屋和宇宙間的這種動態對峙中，我們已經遠離了任何單純的幾何學形式的參考架構。生活體驗中的家屋（maison vécu）並不是一個了無動力的盒子，被居住過的空間實已超越了幾何學的空間。」〔註68〕更進一步來看，家屋這個「超越幾何學的空間」一方面反映出家庭成員對它的詮釋，另一方面，家屋與外在世界的聯繫互動及家屋被賦予的「社會象徵符號」（social symbol），必然又會反過頭來影響我們對於家屋的詮釋與認同。在這樣的互動過程中，有些人或許會選擇不去認同那些「不認同自己家屋的人」，就像陳玉慧筆友的評價只讓她覺得「後悔自己打開心扉讓他進來」（頁265）；但對另一些人而言，他對家屋的認知則可能因此深受影響而產生變化，駱以軍在《月球姓氏》中對童年時父母試圖「假扮成上流社會」的回憶即爲一例。

　　駱以軍在書中提到，當時仍十分年輕的母親是如何依她的想像，「能力所及地把她的莊園假扮成上等人那樣」（頁 12）。有一次她叫孩子們把班上要好的幾個小朋友找來家裡，將一張長木條桌放在院子中央，鋪上紅白相間的塑膠桌巾，用免洗餐具盛放了蛋沙拉、滷味與一些如炸地瓜等「廉價而易飽的澱粉食物」（頁 12），更富代表性的則是：

> 把西瓜、香瓜、香蕉切成小丁，和了一罐那種糖水綜合水果罐頭，再倒了黑松汽水、芬達橘子汽水和吉利果汽水這樣亂攪盛在一個我們洗澡用的鋁盆裡（那鋁盆的底部凹凸不平且盡是鏽斑），要我穿著吊帶褲西裝打著啾啾小領帶像個小主人把那盆混水端出去，告訴大家『這是雞尾酒』。」（頁 12～13）

〔註67〕克蕾兒・馬可斯在討論家屋的「社會象徵符號」（social symbol）時，曾提到家屋所意味的社會象徵符號乃是因人而異，有些人認爲家屋是象徵地位的物件，但有些人則可能認爲家屋是避風港。以上引號內文字均引自克蕾兒・馬可斯（Clare Cooper Marcus）著，徐詩思譯《家屋，自我的一面鏡子》（台北：張老師文化有限公司，2000 年 10 月初版），頁 204，212。

〔註68〕見加斯東・巴舍拉（Gaston Bachelard）著，龔卓軍、王靜慧譯《空間詩學》（台北：張老師文化有限公司，2003 年 8 月初版），頁 116。

母親對莊園的想像，透露出她對家屋、生活環境的期待與需求，家屋在她心目中的意義，無疑是做爲提供社會地位的象徵。對她來說，穿著洋裝穿梭於種植了花木的庭院，並且進行想像中如電影畫面般的盛宴，不僅是她表達自我的一種方式，在自己的家園演出此等「上流社會」之生活儀式，也訴說了她心目中理想的生活型態。

當然，家屋對母親來說之所以成爲如此鮮明的社會象徵符號，與她自身的生活經歷、身分背景均有一定的關係，身爲養女的她在有了自己的家之後，渴望在其中實現夢想的生活亦不難理解。但是母親對理想生活的想望並不見得就是孩子的需求，尤其當她透過想像的種種儀式來完成其象徵意義，達到的效果卻極不理想之時，對孩子來說可能反倒是造成挫敗的來源。姊姊第一次相親時，父母傾全力扮演「上等人」的失敗經驗，就是一個例子：

> 那是一場我父親我娘傾全家之力朝上踮起腳尖，硬撐出一個（他們想像中）上流社會模樣的演出。……我可以想像我姐的第一次相親，我父親與我娘是怎樣裝腔作勢地和未來的權貴親家攀談：他們掩嘴輕笑，講話變得捲舌押韻，並且喝湯時把湯匙朝著對方的方向舀……那是否是我們這個家族第一次嗅到自身令人發狂的封閉氣味？……沒有人記得那第一次的相親是因何而挫敗。……總之那是一次家族對自身想像力的重大挫敗。所有人都受了傷。（頁145～146）

在此，我們看到當一個家庭必須和外界進行對話與互動時，就不可能再將自身對家的想像封鎖在家屋的密閉空間中，正如同人不可能永遠活在夢想的世界一樣。但這樣的挫敗經驗，對於孩子如何重新詮釋家的社會位置與家屋的象徵意義，卻可能有相當程度的影響。母親想像並極力塑造的華麗莊園在與眞實外在世界接觸時顯得如此滑稽荒誕，她爲家屋賦予的意義與價值也隨之瓦解，家屋的意義在駱以軍眼中，成爲破敗的廢墟形象：

> 我不記得是從何時起，我們這個家族，就開始在我父親偶然動念邊移至此的這個地方，在一幢有著一具壞掉停擺的鐘具的屋子裡，靜止不動。我和我哥、我姊，還有這屋裡其他人，我們以爲我們繼續在動，其實我們早就蠟像般地停在那兒，只有光影在邊移變化罷了。
> （頁54）

當他長大離家之後，回想起童年的老房子時，腦海中浮現的同樣是黑暗崩壞的景象：

> 我已經有多少年不曾回去那個度過了整個童年時期的老房子了。我
> 有些詫異老去的父親對於斷電如此敏感，我不是早已習慣於他像隻
> 盲了的老河獺，整天縮在那時間早在其內崩壞的老房子裡，無視天
> 光一吋吋挪移而僵蟄在屋子裡的某一處固定角落……（頁80）

　　駱以軍對家屋的想像與母親如此不同，自然不能完全歸因於父母扮演
「上流社會」所帶來的挫敗感，但家庭與外界互動所產生的交互作用，的確
足以讓孩子對家的社會位置有所判斷。如果說認同是個體在與他者互動的過
程中，對自身所處位置之理解，「家的位置」自然也會影響我們對家的理解
與認同。我們心中的家屋可能因其不同的社會位置、家庭與外界如何對話、
以及我們自身看待家屋的方式等各種原因的影響下，而形成堡壘、廢墟抑或
避風港等不同的形貌，它或許讓我們感到有所欠缺，甚至也可能造成傷害，
卻同樣訴說了家屋與生活空間對我們的深遠影響。而不論家屋是何形貌，我
們總能在其中迂迴地找到自己──因為我們的情感、痛苦、夢想與希望，總
會埋藏在家屋的一個角落。

小　結

　　本章分別從父系認同、母系認同以及生活空間與認同等三個方向，探討
家族書寫中的「家族認同」。其中以父系身世為主要關懷與書寫對象的作品包
括：《逆旅》、《月球姓氏》與《聆聽父親》；書寫母系身世為主的則為《昨日
重現》與《海神家族》，取材角度的不同，已一定程度地透露出書寫者的認同
傾向。

　　在父系書寫為主的幾部作品當中，郝譽翔的《逆旅》可說是一場文字的
尋父之旅，透過書寫，對父愛感到匱缺的女兒找到了包容父親的理由，也在
某種程度上安頓了自己的生命；駱以軍的《月球姓氏》不僅道出了父親的故
事，在回望父親的同時，也讓他更認真地思考同樣身為人父的自己，又該如
何扮演「父親」這個角色？張大春「寫給兒子看」的《聆聽父親》一書，則
在眾多家族書寫的文本中最富傳承意味，在對兒子述說父親故事的同時，他
也得以更深入地看清自己與父親之間的關係。由此我們亦可發現，家族的故
事並非遙遠的歷史，在尋找與述說家族過往的同時，個體也因此真正找到與
認識他自己。

　　至於以母系身世為主的《昨日重現》與《海神家族》，則同樣道出了母女之間複雜矛盾的情感。《昨日重現》寫出了在強勢而務實的母親教養下，女兒的性格與情緒如何深受影響，擺盪在排斥母親與依戀母親這兩種完全相反的感受當中，女兒又是如何找到調適與相處之道；《海神家族》裡三代母女的故事，則讓我們看到家庭秘密是如何改變了個體對家與家人的看法，以及對認同所產生的影響。

　　除此之外，家庭的生活空間對認同的影響亦不容忽視。家屋可說是自我的一面鏡子，映照出個人的喜好、興趣與價值觀。由於透過對生活空間的觀察，可以讓我們從中找到判斷自我與家人的訊息，個人化空間中所透露出的價值觀，就成為理解家人的一種管道。此外，家屋是與外在世界接觸的媒介，家屋的社會象徵符號及社會位置，影響了家屋在個人心目中的形貌，以及個人如何回應家屋所受到的外界評價。透過對家屋與認同之間的探索，我們方能更深入地體會到，每一個人的內心深處，是如何被自己的「家」深深地牽絆。

第四章 家族書寫中的「國族」認同

第一節 家族書寫中的歷史、記憶與認同

　　以尋根溯源爲主要特色的家族書寫，在挖掘、拼湊並重塑家族故事的同時，免不了亦會觸及歷史與記憶之書寫。而在敘寫家族歷史的過程中，這些並非「純屬虛構」的文學創作，是如何敘述與解讀家族歷史，並在複述的過程中自覺或不自覺地重塑歷史？則是一個耐人尋味的問題。尤其當家族記憶並非只是個人生活的瑣碎細節，而是因時代動盪造成劇變，在一定程度上可說是具有某種「普遍性」的創傷經驗時，個人在詮釋與重寫家族故事的過程中，由家族認同擴展到有關國族認同等問題的思索，似乎也成爲書寫者必經的旅程。由於談論到國族認同勢必牽涉到歷史、族群、文化等相關面向之思考，因此筆者將從這幾個方向切入，探討家族書寫中的國族認同。〔註1〕

　　如果將本文所探討的五部作品中提及的歷史事件加以比較，可以發現在以父系身世爲主的「外省第二代」家族書寫作品中，多半以父親在 1949 年的流亡遷徙爲書中的「關鍵時刻」所在；鍾文音與陳玉慧的作品，在側重的焦點與呈現的方式上則有所不同。陳玉慧小說中的「外省父親」，是個喑啞的歷史見證者，而叔公的革命人生，則與鍾文音三叔公的故事，有著部份的重合。

〔註1〕 關於國族認同一詞所指涉的意涵，其實學界仍有不少爭議，筆者將於下一節做較詳細的說明。有鑒於國族認同在定義上眾說紛紜，因此本文釐清此議題的方式是從與之密切相關的歷史、文化、政治、族群等不同面向切入，透過本章各節：一、歷史、記憶與認同；二、族群認同與國族認同；三、文化與認同的鋪陳，期能勾勒出國族認同與其他各種認同之間錯綜夾雜的關係。

同樣一段歷史，在這些家族書寫文本中，或者相互重現，或者成為對比。讓我們得以進一步思考，在同樣的時空下，個體是如何因其隸屬於不同的族群身分，產生不同的集體記憶與心創（trauma）？同樣的事件又如何因觀看角度的不同，產生迥異的版本？並得以進而觀察敘述是如何「塑造」了歷史，以及「見證」歷史之可能／不可能。以下將先分析三部在歷史事件的描述上同質性較高的作品：《月球姓氏》、《逆旅》和《聆聽父親》，從中探討家族書寫文本所描述的心創事件：這些父親是如何述說與理解他們的過去？身為心創聆聽者的子女，他們又是如何被父親的述說所影響？以及，他們如何（與是否可能）重述與「見證」父親的歷史？再以《海神家族》與《昨日重現》中的歷史書寫加以對照比較。

一、「外省父親」的見證：一九四九年的逃亡

正如筆者在本文第三章所提及的，以「外省父親」為認同對象的家族書寫作品中，幾乎都有個背負且不斷述說著己身「逃亡神話」的父親身影。而不斷重複的言說所反映的，則是個體對於當初「來不及準備」的創傷情境，試圖理解甚至控制——或者說「重新準備」——之心理需求。但是僅僅透過述說，心創就得以如此輕易地被療癒嗎？事實並不盡然。這是因為：

> 在現實情境中，心創不斷詭異地復返，但是不覺陷於無盡心創復現與重演的人，卻無法捕捉其真實。心創事件雖屬真實，卻是在「正常現實」的範圍外發生，超越尋常的因果、順序及時空。心創因而是一個沒有開端、沒有終結、沒有前後與過程的事件。……心創生還者不是與昔日記憶共存，而是存活在一個不能完結、沒有終結、無由收束的事件之中。……倖存者無法觸及心創真實的核心，也無法捕捉注定不斷的重演，而同時陷於兩種牢籠之中。〔註2〕

因此如果細究三部作品中「父親的歷史」，可以發現這些重述的事件並非以完整的故事呈現，而是片段破碎記憶的拼湊，也就是說，父親的歷史敘事往往只是某幾段旋律的反覆迴旋，而非一氣呵成的長篇敘事史詩。

以郝譽翔的父親為例，儘管他「最喜歡對人提起的，還是一九四八到四

〔註2〕 見費修珊（Shoshana Felman）、勞德瑞（Dori Laub）著，劉裘蒂譯《見證的危機：文學·歷史與心理分析》（台北：麥田出版，城邦文化有限公司發行，1997年8月初版），頁116～117。

九，從青島流亡上海、杭州、湖南、廣州直到澎湖、台灣的那一年」〔註3〕，漫長的流亡之路當中，仍舊有他「最偏愛」的段落：「杭州向來是他最喜歡講述的一段，每次回憶絕不遺漏，可是講了太多次連自己也難辨虛實。」（頁81）也就是說，重複的述說不僅沒有讓記憶成為更確切不移的「真實過往」，反倒連敘述的當事人自己都懷疑起來：

> 那些事情果真存在嗎？一九四九到底是怎樣的一年？他是否來自青島？而他到底怎麼到達台灣的？果然有張敏之校長這個人嗎？他的回憶竟在述說的過程中不斷的自我解構，虛設，朦朧搖擺於話語之中。久而久之，他發現自己只在重複相同的字句而已，原本以為刻骨銘心的過去，都流失光了，只剩下幾個可憐的辭彙稀稀疏疏掛在齒上，風一吹來，便叮叮噹噹喧嘩一陣，不成曲調的。（頁79～80）

「記憶」至此已被「敘事」／「故事」所取代，每一次的敘述其實不過是「上一次敘述版本」的重複或修正版，歷史與記憶原先的樣貌究竟為何，已成為不可考的如煙往事。就像駱以軍所描述的：

> 所有我現在記得的畫面，都不是我「現在正在記得」，而是在更早以前的某一個瞬刻記得的，……我曾在國小四年級時，然有其事地回憶起國小二年級之前的一些往事，而那些往事被留存下來，可能在我高中某一年，「突然想起」去回憶國小二年級的事，於是我記得的全只剩下國小四年級那次記得的。〔註4〕

記憶從來都不像我們想像中那樣地刻骨銘心、栩栩如生，相反地，它會隨著歲月和複雜的心理機轉而被修正、改寫、壓抑、遺忘，甚至重新被創造。因此，記憶並非過往真實事件的「影本」，而是經由大腦對資訊的篩選與重組，所創造出的「一種非常個人化的心智加工品」。〔註5〕

　　另一方面，當所記憶的事件對個人來說，乃是重大的心創而非瑣碎細節的回憶時，產生記憶與敘事的運作則更為複雜：

> 心創事件雖被充溢的歷史證據及紀錄圍繞，然而心創尚未被真實地

〔註3〕　見郝譽翔《逆旅》（台北：聯合文學出版社，2000年3月初版），頁77。本節中再度引用此書時僅註明頁碼，不另加註腳。

〔註4〕　見駱以軍《月球姓氏》（台北：聯合文學出版社，2000年11月初版），頁17。本節中再度引用此書時僅註明頁碼，不另加註腳。

〔註5〕　見蘿普（Rebecca Rupp）著，洪蘭譯《記憶的秘密》（台北：貓頭鷹出版社，2004年2月初版），頁158。

見證與認知，成爲一個「已知」的事件前，仍只是一場排山倒海的驚嚇。因此被聆聽聞知的敍說在成形過程中，催生了對事件的「認知」與「了解」。傾聽者乃是知識「無中生有」的共同創造者。傾聽心創見證的人是一牆空白的螢幕，在上面首度鐫刻心創事件的痕跡。推而言之，心創傾聽者變成心創事件的參與者與共有者。〔註6〕

由於心創事件發生時，對當事人而言乃是處於「未做心理準備」的突發狀態，因此事件的記憶與理解是藉由事後的述說方得以產生，「心創聆聽者」的角色因而顯得特別重要——因爲「見證並非獨白，不能在孤獨中發生。證人對著某人說話——對他們等待良久的某人說話。」〔註7〕這也說明了杭州何以會是郝福禎特別偏愛述說的一段旅程：比起想到因自己在湖南會車時的一聲叫喚，改變原本要坐北上火車的計畫，最後卻因此死於非命的朋友（參見頁 89～92），有關杭州的記憶不僅相形之下顯得輕盈許多，更重要的是這也是他最容易取得共鳴的一段回憶。每次對著情人們講到自己當時和同學顧不得還要轉車到湖南，一心想要看看以「上有天堂，下有蘇杭」聞名的杭州是何模樣，結果卻因此趕不上火車的經歷時：

> 對方就會笑彎了腰，說：沒看過逃亡的人還這麼愛玩的。說著說著臉上就浮出兩朵愛嬌的粉紅色澤，還有些更富母愛的女人，甚至伸出手來搓搓他的頭，彷彿他又是當年那個不知天高地厚的十幾歲小毛頭。讓他不禁油然升起一股歡天喜地的年輕。（頁 82）

由此我們看到，聆聽者是如何參與並影響了心創事件的見證。聽者的「回饋」激發了見證者重述的動機，也滿足了他被傾聽、肯定與被愛的渴望。

然而，如果說在不斷重述的過程中，記憶變成了一則經過重塑的故事，原初的記憶隨之失落，甚至令當事人自己也「虛實難辨」時，這些「夾雜眞實與虛構」的歷史見證，是否反倒驗證了見證之不可能甚至不具意義？事實上並不盡然。不論置放於歷史「大我」的框架下，個人的見證顯得如何微不足道，個人的命運因歷史所帶來的心創事件而發生改變卻是不爭的事實，心創事件的述說對當事人可能具有的療傷止痛之功效也就因此格外不容忽視：

> 爲解除這個不可知、不可說，只可重複的命運圈限，必須策動一

〔註6〕 見費修珊（Shoshana Felman）、勞德瑞（Dori Laub）著，劉裘蒂譯《見證的危機：文學・歷史與心理分析》（台北：麥田出版，城邦文化有限公司發行，1997年8月初版），頁101～102。

〔註7〕 同前註，頁118。

個醫療紓解的過程，而此過程乃是塑建敘述、塑建歷史，以及從本
質上將事件由內在化後再度變爲外在現實。這個事件的外在化只有
當敘述者可以表達及傳遞故事，確實將故事傳達給外在的「他人」，
再收回爲內在時，才眞正地生效。敘說心創的故事因此重新確定了
現實的壓迫，重新將籠罩心創受害者的邪惡「外在化」。……唯有
通過這樣的考驗，心創生還者才能……重新奪回他的生命與過去。
〔註8〕

了解「外在化」對心創見證的意義，我們才能明白爲什麼當郝福禎在流亡五
十年後，看到寫成白紙黑字的《山東流亡學校史》，會受到強烈衝擊的原因。
過去數十年來，每次他對人反覆述說這段歷史時，對方通常只是隨意地敷衍，
沒有人眞心地相信。這是第一次，他發現自己所遭遇的一切不只存在他的口
中，竟然還有白紙黑字爲證，並且被「編成檔案，載入歷史」（頁 79）。然而
當心創事件眞正與他本人分開，被外在化爲一部可查閱的歷史時，一方面似
乎等於印證了他的見證（過去這麼多年來，他的故事總被女兒當成鄉野傳
奇），但另一方面歷史的記載卻也使得他的敘事隨時可能被推翻與解構。他要
求女兒把書留下來讓他仔細瞧瞧，因爲「這裡面肯定有很大的錯誤」（頁 79）
的反應，正是源於他難以面對「當歷史與記憶版本不符」，將會更爲懷疑自己
記憶之虛實的難堪。當敘事被解構，要如何去重寫自己過往的人生經歷？將
會是見證者的危機與轉機。

　　不過，由於家族書寫並非心創當事者的「回憶錄」，因此其中有關心創事
件的敘述不僅已經是「心創聆聽者的再重塑」，它與心理分析或敘事治療等以
心理治療爲目的所進行的敘事自然也不能等同視之。但這些作品中的心創敘
事，仍然一定程度地讓我們看到關於文學、歷史與見證之間複雜難解的關係。

〔註8〕　見費修珊（Shoshana Felman）、勞德瑞（Dori Laub）著，劉裘蒂譯《見證的危
　　　　機：文學‧歷史與心理分析》（台北：麥田出版，城邦文化有限公司發行，1997
　　　　年 8 月初版），頁 117。另外近年來盛行的敘事治療，亦相當重視將問題「外
　　　　化」的治療技術，所謂「外化」就是將問題與人分開，透過將問題想像成一
　　　　個客體，甚至爲其「命名」（name）的方式。如此一來「可以在當事人與問題
　　　　之間打開一個『空間』（space），產生『位移效果』，使個案能從問題中『跳出
　　　　來』，去凝視（look）所謂的問題，以增加其對問題的自主力量與行使權
　　　　（agency），進而刺激其改變的動機及可能性。」從而透過「外化」、「解構」
　　　　到「重寫」（re-author）的過程，達到治療的目的。見周志建〈敘事治療與現
　　　　實治療之比較〉，《諮商與輔導》第 200 期，2002 年 8 月出版，頁 20～21。

尤其當不同的見證者，卻呈現出某種共通性時，更足以讓我們看出「在歷史的大幕下，個人遭遇所投影出的某個族群的記憶是怎樣的面貌」。〔註9〕換句話說，同樣的心創事件，召喚了見證者日後相仿的行爲模式與面容。就像駱以軍的父親返鄉時，帶了至少二十張的影印機票，反倒在櫃臺前手忙腳亂地找不到眞正的機票。當時他著急地指責父親：「幹嘛沒事影印那麼多機票？」直到後來，他才發現：

> 那是他父親那一整代人特有的怪癖……他稱之爲『逃難性格』……
> 任何跟構成身分聯想的單據，他父親一定拿去統一超商影印個十來
> 份，然後塞在家裡書櫃床頭各處的縫角。就像從小不斷聽過的警惕
> 故事：那個某某某，……跑的時候把證件全弄丢了，……結果就只
> 好在這邊從頭開始，賣包子饅頭……（頁313～314）

無獨有偶地，我們可以看到類似的「警惕故事」也在不同的家庭傳頌著，吳明季就曾舉過如下的例子：

> 921地震之後，我一個朋友是外省人，他說地震的那晚，他第一個
> 反應就是抓著他的畢業證書然後衝到房子外面。……我那朋友的成
> 長經驗中，他的父母親不斷灌輸他們、教育他們畢業證書是很重要
> 的一件事情，當你們以後流亡了或是又怎樣很亂了，沒有畢業證書
> 就會怎樣怎樣。……我自己的成長經歷，沒有任何的大人教過我這
> 件事，我還是多少會覺得新奇，居然有人内化的反應是這樣。〔註10〕

這種一輩子戰戰兢兢，隨時擔心著下一次逃亡時刻來臨的態度，或許顯得可悲可笑，然而妥善保管或複製大量的身分文件，在儀式與心理上的意義其實遠大於實質上的意義。而這一切非理性的恐懼，實在都源於歷史在他們心上所造成的永不磨滅的烙印。

　　另一方面，嚴重的心創事件，影響範圍往往不只及於見證者本人，還可能從此改變他們家人與子女的生活方式 ── 儘管他們並非心創事件的當事人。如同著名的紀錄片導演與哲學家克勞德・藍茲曼（Claude Lanzmann）的成長經歷：

〔註9〕 見楊佳嫻〈在歷史的裂隙中 ── 駱以軍《月球姓氏》的記憶書寫〉，《中外文學》第32卷第1期，2003年，頁118。

〔註10〕 此爲文化研究學會、《台灣社會研究季刊》等團體在2001.5.26所舉辦之第四場文化批判論壇：〈爲什麼大和解不／可能？ ── 省籍問題中的災難與希望〉之討論。見《文化研究月報》電子報第4期，2001年6月15日。

　　他（筆者按：指父親）會敲響住宅入口的警鈴，一如蓋世太保或軍
　　事演習的方式。我們從睡眠中跳起，以破紀錄的速度，穿好衣服迅
　　速躲到他在花園中間挖掘的地下藏匿點。他用計時器測量我們的速
　　度。我們住的房子是世界上最安靜的地方：每扇門的鉸鍊定時準確
　　地潤滑上油。我們的父親教我們如何避人察覺，保持隱形……使我
　　十分意識到身為猶太人的滋味。〔註11〕

儘管祖父早已歸化為法國國民，因此藍茲曼在成長過程中受的是法國教育，
但父親仍以「猶太人子女必須學會的生存方式」教育他——基於他們「可能
受害者的身分，必須首先精通消失的藝術」。〔註12〕

　　而這種想像的恐懼與隨之而來的「應變之道」，甚至可能代代相傳，成為
面對命運的一種模式。這在張大春的《聆聽父親》一書中亦可看出：

　　你即將誕生於一個暫無烽火的地方，就像我一樣，只能從電影和電
　　視上想見戰爭的面目；這和我父親乃至我爺爺那兩代的人是很不一
　　樣的。這兩代的中國人揹負著一部大歷史，在砲聲和彈孔的縫隙間
　　存活下來；若非驕傲地告訴我們應該如何勇敢、即是驕傲地告訴我
　　們應該如何懦弱，前者教人如何偉大、後者則教人如何渺小。我們
　　張家門兒屬於後者。如果說有「大時代」這種東西瀰天漫地覆壓而
　　來，我們張家門兒祖宗的德行便是把頭垂得低一些、再低一些，有
　　如躲過一片掠頂的烏雲那樣。烏雲過後，還不免驚呼一聲：「好險！」
　　以告誡子孫。〔註13〕

如何勇敢與如何懦弱，無非都是對於「如何活下去」這個問題的回答，是他
們得以在災難中倖存的方式。但是張大春點出了一個心創見證者後裔必須面
對的問題，就是戰爭或災難並不存在於他們所體驗過的真實世界，而是父親
提供的想像空間。因此我們不免會感到懷疑，受到心創的父親所灌輸的證件
備分、逃難演習、或是低頭迴避等生存態度，對這些見證者的子女來說，是
讓他們因此理解並認同災難的可怖，從而隨時做好心理準備，以免重蹈父親

〔註11〕　見費修珊（Shoshana Felman）、勞德瑞（Dori Laub）著，劉裘蒂譯《見證的危
　　　　　機：文學・歷史與心理分析》（台北：麥田出版，城邦文化有限公司發行，1997
　　　　　年8月初版），頁349。
〔註12〕　同前註，頁349。
〔註13〕　見張大春《聆聽父親》（台北：時報文化出版公司，2003年7月初版），頁25。
　　　　　本節中再度引用此書時僅註明頁碼，不另加註腳。

當初只能以驚嚇面對災難的覆轍；或者只是象徵著兩代之間的隔閡與代溝？認同與否，答案可能因人而異，畢竟認同是個複雜的問題，並非單一因素所決定；但可以確定的是，面對災難時的心創是無法預作準備的，不論事前作了多少「預防措施」，當災難來臨時，它仍舊會以災難的本質衝擊每一個當事者。進一步來說，如果連見證者本身都不見得能夠理解災難的本質與意義，那麼他們經過記憶與述說篩選重塑後的見證，再透過與歷史真實更為疏離的子女，理解與書寫「轉譯」之後，這樣的見證是歷史還是文學？是真實還是虛構？是見證了「見證之不可能」還是可能？在試圖找出這些問題的答案之前，先讓我們從另一個角度，觀看同一段歷史時空下的不同敘述。

二、噤聲的年代：二二八與白色恐怖

不同於其他幾位作家或多或少的「外省」身分，鍾文音的《昨日重現》似乎最足以帶領我們看到以本土角度出發的歷史觀。然而書中雖然提到三叔公鍾心寬因信仰馬克思主義，在白色恐怖時期逃亡入山，最終仍被捕處決的經歷，但所佔篇幅並不多，且不難看出鍾文音對這段歷史的描述，其實仍是帶著一些疏離的。這一方面自然是源於歷史與國族認同的議題，向來不是鍾文音家族書寫的創作焦點所在，如同她在訪談中所提到的：

> 我非常不喜歡把歷史拿來當道具的寫作方式，它表面上會非常好看，因為人家會覺得你博學，乍看非常偉大，非常豐富，可是我都沒看到個人的感情，我會不希望我寫成這個樣子。那些作品看起來非常恢弘，歷史觀非常博大，對那個時代掌握非常清楚，然後在裡面搬演，可是和寫作者的個我是沒有關係的。我也知道如果我去處理閩客械鬥，或者是我們消失的母語，會非常好看，可是對我目前生命的狀態而言是遙遠的。〔註14〕

遙遠一詞，道出了她對三叔公的真實感受，遙想這段她不曾參與、卻又與自身血脈隱隱相連的過往，她下了如此的註腳：「這是一張我還沒發現的臉，至今我還在拼湊這一張臉。這是一個我趕不及的時代，這時代卻不斷地邀我進入。」〔註15〕被槍決的叔公對她來說，畢竟隔了兩代且不曾親身相處了解過，

〔註14〕 見附錄四、鍾文音訪談紀錄，頁 324。
〔註15〕 見鍾文音《昨日重現》（台北：大田出版公司，2001 年 2 月初版），頁 201。
　　　　本節中再度引用此書時僅註明頁碼，不另加註腳。

因此關於叔公的故事，她只能間接地從其他家族成員的零碎口述與自己的想像加以拼湊。雖然這段文字不論風格和敘事觀點都與全書其他章節不同，因而顯得有些突兀，甚至被評論為全書「最失敗的章節」：「因為原是作者獲選劉紹唐傳記文學獎的作品，英雄化的塑造、悲情的語調，與全書風格迥異。格外顯得所謂『傳記』敘述的矯情與刺眼。」〔註16〕但如果不以文學評論的角度，而從心創事件或歷史書寫的觀點來看，鍾文音的歷史敘事，最值得注意的部分與其說是三叔公的英雄／悲劇事蹟，不如說是他的妻子在這個創傷事件中的命運與角色。過去對於二二八事件的探索，常「偏向男性歷史的重建，事件背後殘存的女性如何以隱忍之姿走過歷史，肩負起恐懼而苦難的生涯，反而長期被忽略了。直到九○年代中期才漸漸凸顯女性的主體性。當變動發生時，女性經常是無端的被捲入並因之犧牲。」〔註17〕而鍾文音想要透過文字所顯影的，其實也正是這些在災難與創傷中因黯啞而顯得面容模糊的女性身影。

由於鍾心寬和幾個知識青年的信仰，讓全村都遭到連坐，男的不是枉死就是坐牢，使得整個村子成了「寡婦村」。至於鍾心寬那不識字且從來不知丈夫在忙些什麼的妻子，革命、政治、意識形態或馬克思主義，這些原本不曾在她的認知與生活範圍內的辭彙，卻突然成為改變她一生命運的關鍵。對於這突如其來的災難，她無能理解，亦無言以對，即使得到機會探視被關在看守所內的丈夫，她亦只能以沉默相對：「他的妻卻仍無語，眼睛睜得大大的，目眶無神，像被蝕了個大洞似的，盛著一池幽水。」（頁210）因為對她來說，心創事件不只來得突然，亦莫名所以，而無法理解的結果則是無從詮釋，因此不同於那些絮絮不休的外省父親，鍾心寬的妻子為我們見證了「見證之沉默」。在被連累的姻婭與村民埋怨的眼光中，她只能選擇將痛苦與罪惡歸於知識，「以至於她後來不准書讀得很優秀的幾個女兒繼續到校，只要跑去學校一定被她拉回來毒打一頓。學校和讀書都被她當成是罪惡的淵藪。」（頁215）抗拒知識，是她對命運的抗議，但這抗議仍是消極沉默的，而沉默正是我們所必須理解的，見證的另一個特質。

「沉默是見證的本質」，這樣的說法似乎與前面提到的因心創所產生之重複述說相互矛盾，事實上並不然。沉默與述說乃是見證的一體兩面：即使不

〔註16〕見范銘如〈土地氣味的家族史〉，《聯合報‧30版》，2001年2月19日。
〔註17〕見許師俊雅〈小說中的「二二八」〉，收錄於許俊雅編《無語的春天——二二八小說選》（台北：玉山社出版公司，2003年9月初版），頁28。

斷述說的那些見證者，他們其實也永遠找不到可以「正確」捕捉事件完整經過的語言，為了忘卻痛苦與恐怖，有更多的時候，見證者寧可選擇沉默以對，但傾聽者必須理解的是，沉默也是訴說的一種形式：

> 在某種程度上，敘說心創的人寧願保持緘默，以保護自己不被聽到、免除「傾聽自己」的恐懼。……對心創生還者而言，沉默是注定的放逐，但也是一個歸宿、一個命運、一個約束的盟誓。堅留沉默之鄉是定律，而不是例外。傾聽者必須了解這些，他（她）必須傾聽並領受沉默——從語言與無言中緘默述說的沉默，從言說之中與背後發聲的沉默。〔註18〕

而在歷史的巨大災難中，沉默的往往不只是受害者本身，還包括了旁觀者、迫害者。知情與不知情者，共同參與並創造了沉默的歷史。就這方面而言，陳玉慧的《海神家族》就為我們揭示了這種見證的沉默。

在《海神家族》一書的成員中，外公林正男在二二八之後失蹤、叔公林秩男因其左翼思想流亡異鄉，從大陸來台的父親二馬則在白色恐怖時期，被控為匪諜而入獄，母親靜子不得不從此展開漫長的救援行動……除了因失蹤而失去述說權的外公之外，這些經歷顛沛流離的歷史見證者，應該有說不完的身世故事可以傾吐，但他們大部分的人卻都選擇了沉默：

> 心如出生時，外公已失蹤了一年，在那個沉默無言的時代，靜子曾經說過，那時，她還不知道外面的世界發生了什麼，感覺到的只是左鄰右舍的沉默，後來她才明白，那種「社會上的沉默」是極大壓力，多年後，靜子說起社會這個字還習慣不由自主地東張西望，彷彿有人竊聽。那是五〇年代，台灣歷史繼續著，彷彿什麼事都沒發生，她家也並不存在，……靜子覺得鄰居幾乎全是沒有立場的懦夫，男人都不說話，女人只喜歡背著人家流長蜚短，卻沒有人會為她父親失蹤這件事感到奇怪，甚至出來主持正義。以前偶爾來家裡坐的里長和村長，自保來不及，急著與綾子保持距離，那真是一個荒涼的時代，父親失蹤後，再也沒人到家裡來了。〔註19〕

〔註18〕見費修珊（Shoshana Felman）、勞德瑞（Dori Laub）著，劉裘蒂譯《見證的危機：文學・歷史與心理分析》（台北：麥田出版，城邦文化有限公司發行，1997年8月初版），頁103。

〔註19〕見陳玉慧《海神家族》（台北：印刻出版公司，2004年10月初版），頁129。本節中再度引用此書時僅註明頁碼，不再另加註腳。

綾子對待丈夫失蹤的態度，同樣是「不再提起這個人，彷彿這個人並不是她丈夫，……她沉默得猶如頑石，只要有人談起她丈夫，綾子便立刻離開現場，她以幾乎決裂的方式與過去道別，彷彿只要她提起這個名字，無比恐怖的事情便會立刻發生。」（頁154）

　　沉默的產生，是因為那是一種比較「安全」的生存方式，但是習於沉默的代價，則是遺忘與冷漠。個人的沉默與麻木，或許是他們生還的條件，社會的集體沉默，卻可能使真相永遠湮沒沉埋於歷史的灰燼中。更重要的是，「沒有人從沉默中找到平靜，即使沉默乃出於自願。」〔註20〕就像父親二馬那些同樣從大陸來台的軍中同袍，「多年來都努力把悲戚藏起來，努力地過著正常生活，但是一不小心便支持不下去。」（頁144）因此「打破緘默」固然不易，但也唯有如此，我們方能抵抗對歷史的無知與遺忘。而陳玉慧在尋找這段家族與國族的歷史時，就見證了「使沉默說話」之不易：「家人都不擅於言談，對許多事仍忌諱有之，使我必須自己找資料。」〔註21〕但是或許也正因如此，家族成員有限的見證反而使她得以避開了「真相往往在過多的見證與告解中遭到扭曲的危險」。〔註22〕小說中不同國籍、不同族群與不同信仰的人們，各自懷抱著他們對歷史與命運的詮釋。較為客觀與多元的觀看視角，使得《海神家族》中的歷史書寫，更清晰地呈現出所謂歷史真相的複雜難解。

> 私歷史如卷，公歷史則為軸。當卷軸展開時，私歷史的輪廓會更明晰，而公歷史也因為私歷史的關係被加強了屬性。我僅求以客觀的角度看台灣歷史，我關心邊緣人物，而非主流人物，持女性觀點而非父權的觀點，我更清楚的是迫害者或受害者角色可能錯置或重

〔註20〕見費修珊（Shoshana Felman）、勞德瑞（Dori Laub）著，劉裘蒂譯《見證的危機：文學·歷史與心理分析》（台北：麥田出版，城邦文化有限公司發行，1997年8月初版），頁129。

〔註21〕見明夏文，陳玉慧譯〈丈夫以前是妻子——評論家丈夫明夏專訪小說家妻子陳玉慧〉，收錄於陳玉慧《海神家族》（台北：印刻出版公司，2004年10月初版），頁328。另外她在接受筆者訪談時亦曾提到，如果問起父親在大陸上的遭遇，「他頂多就是一句話：『這就是歷史的悲劇。』」見附錄三、陳玉慧訪談紀錄，頁306。

〔註22〕見劉裘蒂〈沒有一具屍體的現代啟示錄——一段與真理摩擦的歷史〉，收錄於費修珊（Shoshana Felman）、勞德瑞（Dori Laub）著，劉裘蒂譯《見證的危機：文學·歷史與心理分析》（台北：麥田出版，城邦文化有限公司發行，1997年8月初版），頁11。

疊，或者相互轉化，歷史的悲劇便由此而生。〔註23〕

上述這段引文，是陳玉慧對《海神家族》中的歷史書寫所做的說明，正因為她清楚了解歷史不是以「迫害者／受害者」這樣二元對立的單純結構所組成，小說裡多元觀點的歷史呈現因此更能夠引發讀者的進一步思考。事實上，對歷史事件的定位、是非對錯的判斷與爭論，往往都是後世的事，對於置身其中的當事人而言，這些災難事件只有「生存」或「死亡」兩種可能性，這也成為他們唯一記憶與詮釋歷史的方式：對綾子來說，霧社事件所代表的，是未婚夫吉野「一具沒有頭顱的身體」（頁 28）；為了希望從軍的丈夫及早回家，「她開始期盼日本贏得這場大戰」（頁 37）；面對國民政府在戰後推行只說「國語」的政策，只會說閩南語和日文的她只能以「未按怎？以後嘛愛講話就好了。」（頁 285）來看待與回應。對懷抱著革命理想的林秩男而言，記憶中的一九四七年二月「是徹骨的寒意，還有，天地不仁，人命如芻狗。他記得的二月，大地一片肅殺，天空失血般蒼白。那是一場不屬於任何人的革命。一場失敗的革命。敵人掌握了所有的資源和優勢，人民起義然後被捕被屠殺，一些人，像他，則苟延殘喘地活著。」（頁 110）苟延殘喘地活著，對於二馬來說，卻是亂世中最簡單的願望：「那些人有政治理想，他沒有，他整天想的只是找個可以棲身的工作，苟且偷生，等著回老家的日子。一直到被審問的那一天，他都很清楚，他對政治一點興趣都沒有，他沒想參加任何黨，尤其是大家聞之色變的共產黨。」（頁 216）至於二馬留在家鄉的妻子王冬青，則在土改時面臨著「丈夫已去了台灣，她父親被劃成資本家和富農，她婆婆也是地主，她帶著一個孩子，真不知往哪兒走？」（頁 233）的痛苦，但即使在心裡埋怨著丈夫「為什麼丟下了我們」，她也總能在「恨意快湧上來時，停止再想下去」，因為「婆婆的生命要緊，她得替她想條生路」（頁 234）。在亂世與災難之中，沒有什麼比活下去更可貴也更艱難，因此不只是言說，連思考與情感似乎都是奢侈的。於是，每個人以自己的生命見證了歷史，但關於戰爭與歷史，恐怕永遠是個難以完整述說的命題，就如同綾子與秩男之間的問答：

「關於這場戰爭，你到底知道什麼？」

「我知道並且深深體驗的事情，卻一輩子都無法告訴你。」（頁 41）

〔註23〕見明夏文，陳玉慧譯〈丈夫以前是妻子——評論家丈夫明夏專訪小說家妻子陳玉慧〉，收錄於陳玉慧《海神家族》（台北：印刻出版公司，2004 年 10 月初版），頁 333～334。

三、見證的書寫與書寫的見證

由上述的討論，我們已可約略看出歷史的複雜與見證之困難，以及家族書寫如何在某種程度上使見證成為可能。但是，我們亦不能忽略的是這些見證的書寫都無可避免地有其局限，儘管對於這些家族書寫的作者（例如鍾文音）來說，書寫歷史可能並非他們主要的創作意圖，但由於家族書寫本身的文類特性，使得作品內容又不可能完全迴避歷史。因此作者書寫歷史的方式之差異，不僅反映出他們面對歷史的態度，亦或多或少地讓我們看到見證與書寫之局限。

在五部作品中，《逆旅》與《月球姓氏》在觀看歷史的視角（都以「外省父親」的敘事為主）、歷史事件的背景（1949 年的逃亡、澎湖案）等各方面重疊性較高，但嚴格來說，這兩本作品真正想要處理的，仍舊是「私歷史」的那個部分。《逆旅》的唯一主角，乃是父親郝福禎一人，因此儘管郝譽翔在「後記」中提到希望能夠藉由書寫，安頓那些和父親相同身世的「漂泊無所歸依的靈魂」（頁 188），但她實際上並沒有做到。這是因為「作家唯一想安頓的是父親的魂靈。……她對自己、對父親、特別對自己和父親之間那個情意結的在意程度，遠遠超過了她對歷史、對外省第一代人整體命運的關心。」〔註24〕而她筆下的歷史敘事，亦因此顯得有些軟弱無力，甚至只是成為小說的「背景」：「就史論史，《逆旅》應該是一部心靈史。……「澎湖案」的歷史經過，她多數借著代籌，從學術著作中如數「徵引」。這固屬技巧之一，但非巧技。」〔註25〕駱以軍的歷史書寫同樣有著類似的問題，文中除了那些穿梭在每一個場景，由「父親的口述歷史」所變形產生的記憶碎片外，涉及「公歷史」的部分，駱以軍似乎也只能如郝譽翔般「如數徵引」，張敏之校長與一百餘位學生因白色恐怖遭到槍決的事件，他將刊登於 1999 年 12 月 11 日《中國時報》的一則新聞大量摘引（參見頁 135～136），但是這個冤案與父親的歷史之間的關聯性，在小說中並未充分彰顯。書中大部分的歷史記憶，其實仍是跳躍且破碎的：

感覺上這並不是家族史的**重構**──時至今日，經由敘事的技術，幾

〔註24〕見胡衍南〈「外省第二代」作家的父親（家族）書寫〉，收錄於《兩岸現代文學發展與思潮學術研討會論文集》（台北：佛光人文社會學院文學系編，2004年 10 月），頁 140。
〔註25〕見李奭學〈尤里西斯的傷疤──評郝譽翔著《逆旅》〉，收錄於氏著《書話台灣》（台北：九歌出版社，2004 年 5 月初版），頁 106。

乎沒有不可重構（重新編造）的家族史，大陸新時期小說中典範歷歷 —— 著力在寫的似乎反而是那個總體的崩潰，或者是認知到那樣的總體原本就不存在，或者不該存在。時移事往之後，留下的只是殘碎重複的情感的經歷，在個人生命史中無比眞確，可是對於大的歷史而言一文不值，就如同小說最後（爲了讓整個寫作顯得更眞實？）引用（或編造）的那數則流亡過程中的日記，即使以其眞實見證了歷史，也是微不足道。〔註26〕

　　這種片段的、殘缺的、難以重組爲整體的歷史與記憶之書寫，一方面展現了所謂歷史眞實的複雜曖昧，而述說的破碎與混亂，則反映出個人在歷史巨大力量的操控下，內心的茫然、不解與試圖詮釋的困難。這樣的寫作方式或許如評論者所言，因呈現出「歷史之總體並不存在」，而達到某種「解構人們對（家族）歷史的信仰」〔註27〕之客觀效果，但是在駱以軍試圖留下父親記憶的同時，卻也使小說中的歷史書寫陷入另一種不得不然的局限，那就是小說所呈現的歷史，必然是歪斜的歷史。如同前文所提過的，儘管以母系和妻族的身世穿插其間，《月球姓氏》眞正要寫的仍然是父親，因此《月球姓氏》裡的歷史，只能是父親的歷史。如果說歷史是由過往事件之不完整的殘破碎片所組成，駱以軍所努力撿拾的歷史碎片，也仍然只是其中的一小部分罷了。

　　從這個觀點來看，鍾文音與張大春的歷史敘事，雖然避開了駱、郝二人以單一敘事者「父親」發聲的歷史觀照所造成的偏狹，卻同樣是背負著族群記憶的產物。張大春過往的書寫模式，一貫習以「解消歷史與記憶的眞理性」之寫作方式〔註28〕，做爲一種將身分「雜化」、避免被他人定位的書寫策略。〔註29〕但從父親中風倒下後，他開始轉身面對自己的（家族）歷史，甚至熱

〔註26〕見黃錦樹〈家庭劇場：流離與破碎 —— 評駱以軍《月球姓氏》〉，收錄於氏著《謊言或眞理的技藝》（台北：麥田出版，城邦文化有限公司發行，2003 年 1 月初版），頁 450。引文中所標示之黑體字，在原書中爲標楷體，故在本段引文中以黑體標示之。

〔註27〕見胡衍南〈「外省第二代」作家的父親（家族）書寫〉，收錄於《兩岸現代文學發展與思潮學術研討會論文集》（台北：佛光人文社會學院文學系編，2004 年 10 月），頁 154。

〔註28〕見胡衍南〈捨棄原鄉鄉愁的兩個模式 —— 談朱天心、張大春的小說創作〉，《台灣文學觀察》第 7 期，1993 年，頁 125。

〔註29〕見廖咸浩〈講評稿〉，收錄於胡衍南〈捨棄原鄉鄉愁的兩個模式 —— 談朱天心、張大春的小說創作〉，《台灣文學觀察》第 7 期，1993 年，頁 134。

烈地在小說出版後，在自己主持的電台節目中舉辦了「聆聽家人」的徵文活動，並宣稱「此乃『搶救家族記憶』之全民運動云云。」〔註30〕當他成為家族歷史的述說者時，也就相對接納了自身所屬族群的身分與立場。而鍾文音的歷史追憶，又何嘗不是有感於「我身上留著遺族之殤，這殤藉筆欲顯靈言說」（頁 214）而產生？然而筆者要強調的是，這並非意味著書寫自身族群記憶是一種「偏狹的錯誤」，因為就某種程度上來說，局限早在書寫之初就已註定。不論書寫的歷史背景多麼龐大、歷史事件何其繁多，只要你是身在其中的見證者，或是「見證者的代言者」，你所述說與書寫的見證就必然是歪斜的，因為每個人都只能提供一種視角，但歷史卻是不規則的多面體，它從來不可能用一種方式加以看穿。正因如此，我們才需要更多隸屬不同族群身分的見證者，藉由不同記憶的衝撞與摩擦，共同來拼湊歷史的「可能面貌」。

　　但是，也有書寫者在創作之初，就能理解並試圖克服因單一視角的史觀所造的偏狹，陳玉慧的《海神家族》即為一例。小說中的歷史書寫之所以顯得格外深刻動人，不只是因為融合了來自多元族群文化的家族成員之故事，而是因為陳玉慧近乎客觀地將不同背景、不同族群、不同經歷的個人，在環境與命運的影響下，可能產生的思想與情感呈現出來。這並不表示《海神家族》中的歷史敘事就代表了歷史的全貌──事實上也不可能，但陳玉慧提示了我們一種面對歷史的態度，就是試著傾聽、觀看、尋找並接納歷史見證者的各種聲音，最終我們會看到自己面對歷史的無知，看到見證的局限、書寫的局限，看到「經歷的限制與真實的極限」〔註31〕，和解、原諒或包容，方會成為可能。

第二節　家族書寫中的族群認同與國族認同

　　由上一節的討論，我們可以發現不同的族群身分，往往或多或少地決定了書寫者如何觀看與敘說屬於特定族群的歷史記憶，由此亦可看出族群在個體建立身分認同與歸屬感時，其實亦具有相當程度的意義，因此本節將進一

〔註30〕見胡衍南〈「外省第二代」作家的父親（家族）書寫〉，收錄於《兩岸現代文學發展與思潮學術研討會論文集》（台北：佛光人文社會學院文學系編，2004年 10 月），頁 155。

〔註31〕見費修珊（Shoshana Felman）、勞德瑞（Dori Laub）著，劉裘蒂譯《見證的危機：文學・歷史與心理分析》（台北：麥田出版，城邦文化有限公司發行，1997年 8 月初版），頁 297。

步討論家族書寫中的族群與國族認同。然而究竟何謂「族群」？在討論所謂的「族群認同」或「國族認同」之前，我們有必要先加以釐清「族群」這個近年來在台灣廣受討論與爭議的名詞。另一方面，由於族群認同與國族認同時常被相提並論甚至混爲一談，而對於「國族認同」所指涉之意涵爲何，也並非一個明確具有共識的概念，因此在進入文本的討論之前，筆者擬先將上述名詞之意涵稍做解釋與區隔，再論析文本中族群與國族認同之呈現。

一、族群、族群認同與國族認同

（一）族群與族群想像

「族群」這個名詞，在台灣已可說是一個被廣泛使用的字眼，但是相對的，一般人對於族群指涉的意涵，不僅未必具有共識，對族群現象的本質與價值判斷，亦有不少迷思與誤解。事實上，即使在西方社會中，「族群」（ethnic groups）也是一個非常新的詞彙，大約在 1950～1960 年間，才開始普遍使用，而在台灣社會被提出來使用的時間則更短，大約是在 1980 年代末期，至於目前大家耳熟能詳的「四大族群」之說法，正式提出來的時間還不到十年。〔註32〕

那麼，「族群」的意義究竟爲何？根據王甫昌的研究，「族群」至少有下列幾種特性：（1）族群是以「共同來源」或「共同祖先」（common descent）來區分我群、他群的一種群體認同，至於族群所認定的「共同來源」究竟是否爲眞並不重要，因爲事實上我們並沒有什麼客觀標準可以決定某一群人是否構成一個族群，因此只要一個群體認爲自己有這樣的共同來源，就足以構成他們的族群想像。（2）「族群」是一種相對性的群體認同，也就是說當人們在界定「我們是誰」的時候，很清楚地是以「他們是誰」做對比，且族群的分類想像，通常會鎖定一個對他們來說有重大社會意義的對比性類屬，而不只是泛泛的相對於自己族群的「他人」而已。（3）「族群」通常是弱勢者

〔註32〕 所謂四大族群，是指以閩南人、外省人、客家人、原住民四類來劃分族群。根據張茂桂的說法，此種族群分類的方式是在 1993 年左右，由當時的民進黨籍立法委員葉菊蘭所提出。見張茂桂〈臺灣的政治轉型與政治的「族群化」過程〉，收入施正鋒主編《族群政治與政策》（台北：前衛出版社，1997 年 6 月初版），頁 37～71。必須說明的是，由於其中「閩南」族群究竟應稱爲「閩南」、「鶴佬」、「河洛」或「本省」，目前仍眾說紛紜未有共識，因此筆者均直接引述參考資料內的用語，故會有這幾個名詞交替使用的情況。

的人群分類想像，而弱勢者的「族群意識」又可分爲三個不同層次的理念元素，包括「認知差異」、「不平等認知」與「集體行動必要性認知」，並不是所有的族群意識都會發展到三種元素具備的程度，但完全發展的族群意識，將會發展到第三個階段的族群運動。（4）族群的位階與規模，大約介於「民族」（nation）與「國家」（state）這類較大的社會單位，以及「家族」等較小的社會單位之間的團體，而人們所認定的「族群團體」中親近關係的建立與維持，有很大程度乃是想像（imagination）的結果。（5）「族群」是一種人群分類的想像，是爲了要求平等、或是要求其他族群尊重自己的獨特性。〔註33〕

　　此外，王甫昌並指出若干關於族群意識的迷思。例如一般咸認族群的形成乃是由於繼承了「共同祖先」的歷史經驗或文化因素所造成，然而事實可能恰好相反：

> 文化與族群的關係可能是反過來的：是因爲今天區分人群的需要，才使我們去追溯歷史，才去強調某些歷史細節與文化內容。……也就是：現在分類及族群運動的需要，決定了「過去的歷史與文化」被解讀以及詮釋的方式，以構成一套用來說明我族群「目前處境」及「未來目標」應該如何的族群論述。……族群運動者能夠建構的族群認同與對於處境的定義，當然會受到既有的歷史事實與文化素材的限制，但不可能是完全做假或虛構。……除非是完全錯誤或捏造的史實（這種狀況不多），否則同樣的史實通常可以支持不同的歷史詮釋觀點，其差異在於選擇性的強調或遺忘某些歷史事實，來支持一個簡單明瞭的史觀。因此，眞正造成爭議的，通常是現在的「歷史觀點」，……而非過去的歷史事實。〔註34〕

（二）族群認同與國族認同

　　由上述有關族群概念的論析，已可得知所謂「族群認同」，乃是指個體對於具有「共同來源」或「共同祖先」之一群人所構成的團體之認同，儘管這個「共同來源」可能只是一種想像。但族群認同之所以對大多數人來說都具

〔註33〕以上有關族群的概念，係整理自王甫昌《當代台灣社會的族群想像》（台北：群學出版公司，2003 年 12 月初版），頁 9～20。

〔註34〕見王甫昌《當代台灣社會的族群想像》（台北：群學出版公司，2003 年 12 月初版），頁 37、167～169。

有一定程度的意義，是因為它能夠使人們「覺得自己歸屬到一個有傳統且有未來目標的大社群中」，因此在生命有限的情況下，還願意有意義並努力的生活下去。〔註 35〕由這個角度來看，族群認同是有其正面的心理功能與社會意義的，但是近年來台灣在政治轉型的過程中，族群問題時常成為選舉期間某些政治人物操作的工具，族群間的緊張、衝突隨之提高，族群議題也因此與政治、國族等議題夾纏不清，族群身分甚至被粗糙地直接做為劃分個人政治認同或國族認同的標籤。但事實上「『族群問題』和『國家認同』問題，並沒有重疊的必然性。」〔註36〕將其混為一談，其實仍是對族群問題的某種誤解。

不過，對於「國族認同」之意涵，也有許多不同的說法。國族認同一詞乃是源於英文的 national identity，但由於 nation 這個詞除了具有「民族」的概念外，有時也可當成國家（state）的同義詞，因此也有學者主張將其譯為「民族認同」或「國家認同」。〔註 37〕不過如果進一步思考，我們將會發現「國家」和「民族」的概念看似簡單明瞭，卻很難用一個清楚具體的概念來加以說明，誠如哈羅德·伊薩克（Harold R. Isaacs）所言：

儘管無所不在，儘管勢不可擋，擺在眼前的事實卻是：不論是民族還是國家，都只是一團模模糊糊的東西。……民族是由哪些東西組

〔註35〕見王甫昌《當代台灣社會的族群想像》（台北：群學出版公司，2003 年 12 月初版），頁 45。

〔註36〕見張茂桂〈臺灣歷史上的族群關係：談「身分認同政治」的幾個問題〉，《講義彙編：臺灣史蹟源流研習會講義彙編》，1996 年 2 月號，頁 1。

〔註37〕目前將 national identity 譯為「國家認同」的學者較多，如張茂桂、石之瑜、江宜樺等；譯為「國族認同」者如盧建榮，譯為「民族認同」者如施正鋒。隨著譯名的差異，對於其內涵的認定亦有所不同。例如施正鋒指出：「以留日為主的反對運動學者，對於日本人將 nation 譯為民族多不以為然，因為漢字的用法上，民族帶有強烈的文化、或是血緣意涵，恐怕會造成以文害義，誤以為客觀上的共同特徵為必要條件，反而忽略掉主觀上共同生活在一起的意願。譬如說，傳統的『漢民族』是用來區隔蒙、回、藏、苗族的文化集團，『中華民族』或『台灣民族』指涉的才是 nation。他們因此主張改用『國族』或是彆牙的『國家民族』，如此才能貼切地抓住這個概念的強烈政治意涵，因此有『國族認同』的用法。」（見施正鋒〈台灣人的國家認同〉，http://www.wufi.org.tw/shih/f0008.htm，2005）。施正鋒採用「彆牙」一詞來形容使用「國族認同」者的主張，已可看出他本人並不支持此種譯法；至於江宜樺則認為由於 nation 比較適合翻譯成「民族」，因此甚至考慮以自創的 state identity 來處理有關「國家認同」的問題。（見江宜樺〈新國家運動下的台灣認同〉，收錄於林佳龍等主編《民族主義與兩岸關係 —— 哈佛大學東西方學者的對話》（台北：新自然主義有限公司，2001 年 4 月初版），頁 190～191。）這些不同的見解，已可約略看出 national identity 一詞所涉及的爭議。

成的，每個人都可以列出一份自己的清單。……共同的文化、歷史、
傳統、語言、宗教，有的還加上「種族」，以及領土、政治、經濟，……
在這些組成民族的要素裡，硬要說哪一項是不可或缺的卻又未
必；……爬疏過這些定義之後，得到……的結論：「關於民族，我們
所能提出來的最簡單說法，就是一群覺得自己是一個民族的人；而
且經過精密分析之後得到結論，這也可能是最終極的說法了。」……
「國家」與「民族」意義上的不確定反映在用法上，則是相應而生
的混亂，……「民族」這個字的使用，居然可以跟部落（tribe）、人
民（people）、族群（ethnic group）、種族（race）、宗教（religion）、
邦國（country）、國家（state）互換。而這些字詞之間的區別也是多
重的，隨著規模、領土、「發展階段」或「落後」程度、意識層次的
不同，又各有各的用法，到了最後，甚至只是跟著作者的感覺走。
〔註38〕

如果對於何謂「國家」或「民族」都沒有定論，有關「國族認同」或「國家
認同」、「民族認同」的概念一直以來備受爭議自然也不難理解。目前台灣對
於 national identity 的翻譯與定義，其實正如伊薩克所指出的，會因應使用者
不同的理解、詮釋、意識形態或「感覺」，而產生不同的界義與用法，或者是
因討論之需要而將 national identity 一詞可能指涉的其他範圍略去不提。〔註39〕
凡此均可看出有關 national identity 的概念，目前仍是眾說紛紜缺乏共識的。

其實，若更進一步來思考，不只族群是一種分類的想像，國族又何嘗不
是想像所建構出來的產物：

近代以來，有關國族（認同）的學說論述，大多傾向於質疑「本質
論者」（essentialist）的觀念，揭示種族（血緣）、地理疆域、語言、
傳統、面積大小等因素不足以決定國族的本質。班尼迪克·安德森
（Benedict Anderson）把國族界說爲「一個想像出來的政治社群」（an
imagined political community）；荷謝·馬力亞特吉（JoseCarlos

〔註38〕見哈羅德·伊薩克（Harold R Isaacs）著，鄧伯宸譯《族群》（台北：立緒文
化事業公司，2004 年 11 月初版），頁 257～259。

〔註39〕例如儘管江宜樺同意 nation 較接近「民族」的意涵，在翻譯 national identity
一詞時，他仍舊將其限定爲「政治共同體的認同」。劉文斌在援引並參考其概
念後，也將論文內的 national identity 界定爲「當然是指富含政治成分的國家
認同，而非富含道德倫理成分的民族認同。」見劉文斌《台灣國家認同變遷
下的兩岸關係》（台北：問津堂書局，2005 年 4 月初版），頁 16。

Mariategui）在二〇年代便指出「國族……係一抽象東西，一個寓言，一個神話，不與可以科學方法界定的眞實相對應。」厄尼斯特・吉爾拿（Ernest Gellner）強調國族並不先於國族主義存在，而是被國族主義所發明出來的東西。〔註40〕

如果能夠體會這一點，對於不同族群團體根據其歷史記憶、文化背景、血緣關係、政治立場等差異所建構出的族群或國族想像與認同，或許就能抱持著更寬容的態度去看待並接納這些不同的聲音。

必須說明的是，在種種莫衷一是的概念與定義中，本論文之所以採用「國族認同」的譯法，是因爲在詞義上「民族」與「國家」的確會造成較具文化、種族意涵或政治意味的印象，而「國族」則較具兼容意味。其實，nation 詞義的源頭乃是拉丁文的 *nasci*，也就是「出生」，而「一個人對家庭與出生地的歸屬感，是民族感情最初的根苗；所謂『祖國』或『母國』的終極意義，無非就是一個人最初的來源。」〔註41〕因此 nation 字源的「出生」意涵，是我們理解家族書寫中的國族認同時，不容忽視的一點。家族書寫並非揭示個人的政治或民族立場之宣言與告白，而是出於尋根探源的心理寫就的文學作品，其中所反映的認同問題，自然也與作者本身關切的議題、或是文本想要呈現的重點有關，因此筆者希望能從較開闊的觀點，來探討這些作品中不同層次與面向的認同問題與價值觀，而不是以單一向度來思考。

由於家族書寫畢竟不是「族群書寫」，族群或國族認同問題在文本中的重要程度也各有不同，因此筆者在此不擬針對五部文本分別論述，而是希望以綜觀的角度討論這些作品中所呈現的族群或國族認同，並根據文本的性質、側重的焦點，選擇較具代表性的作品爲例加以探討。以下就先以族群意識較強的《月球姓氏》爲例討論其中反映的族群認同，並以同樣有「外省父親」背景的利格拉樂・阿𡠄加以比較，藉此應證族群認同與族群想像的幾個特色，以及作者本身的身分認同與文本呈現的認同之間，又有何相關之處？接著再以三種不同的層次，包括：文本中敘述者的認同、文本中敘述對象（即敘述者的家族成員）的認同，以及作者本身的認同來探討這幾部作品中的國族認同。不過由於歷史、族群、文化等涵蓋在國族認同內的其他概念，筆者在本

〔註40〕見吳潛誠〈喂，你是哪一國人？—— 解構國族・文化認同〉，《民眾日報・第4版》，1995 年 8 月 28 日。

〔註41〕見哈羅德・伊薩克（Harold R Isaacs）著，鄧伯宸譯《族群》（台北：立緒文化事業公司，2004 年 11 月初版），頁 256。

章中均會一一探討，因此本節所討論的國族認同，僅以江宜樺等人所指涉的「政治共同體的認同」為討論之主要範圍。

二、家族書寫中的族群認同

　　由本章第一節的討論，我們看到同樣族群身分的作者，似乎也分享了同樣的歷史集體記憶，在本節中我們則進一步理解到這樣的集體記憶，其實乃是透過族群想像與建構而來。族群分類的需求，讓人們回頭挖掘與詮釋過去的歷史，不同的詮釋方式，則支持並強化了個體對族群的歸屬感與認同。而族群既然是「弱勢者」的人群分類想像，何以在本文主要討論的五部作品中，會以書寫「外省父親」為主的作品較具族群意識，也就不難理解了。「外省人」的相對弱勢感，約從 1990 年代之後逐漸成形〔註42〕，而本文所探討的幾部作品均完成於 2000～2004 年間，外省族群在此一時期的創作，反映出弱勢「危機感」的可能性相對而言也就較高，其中又以駱以軍的《月球姓氏》最具代表性。但如果將其置放在「外省第二代族群書寫」的文本中來加以觀察，不難看出駱以軍的作品和他的外省籍文壇前輩相比，仍有其與別不同之處：

　　　身為「土生土長」的外省第二代作者，駱以軍不像「所謂」外省作家第一代或第二代作者對中國還懷有印象，也不似在本土化浪潮中心存焦慮感的第三、第四代作者，駱以軍的族群經驗更多是在與台灣這片土地相融合後的新產物，因此他的族群書寫沒有「動員」外省族群從而賦予使命的企圖，反而是身在台灣之中凝視「族群政治」、「族群變遷」在這個島嶼的演變過程，這個視角的出現使我們看到族群文學在文化與文學意義上新的可能。〔註43〕

〔註42〕　參見王甫昌《當代台灣社會的族群想像》（台北：群學出版公司，2003 年 12 月初版），頁 156。整體而言，自李登輝正式掌握黨國機器（1990 年）開始，其後經歷新國民黨連線出走成立新黨（1993 年）、陳水扁擊敗黃大洲及趙少康當選台北市長（1994 年）與政黨輪替（2000 年）等事件，外省族群的相對弱勢與危機感之產生及持續，與此皆密切相關。

〔註43〕　見陳建忠〈荒謬的時代戲劇——談駱以軍的《月球姓氏》與族群文學書寫〉，引文中所指的外省第幾代作家，作者此處係以戰後不同世代來觀察：「第一代是經歷過日本殖民的本土作家或中國新移民作家，陳映真、黃春明、白先勇等在六〇年代崛起的作者可算作第二代，而出現在七〇年代如李昂、宋澤萊、朱天心、張大春等經歷過鄉土文學論戰、美麗島事件的可算第三代，至於八〇年代以降出現的林燿德、黃凡則是第四代，而九〇年代嶄露頭角的駱以軍、成英姝、黃錦樹諸位應是現今創作力最為旺盛的世代。」本文張貼於四方書網

正因爲駱以軍的族群書寫乃是由其「凝視族群變遷」的經驗與感受而產生，因此我們可以發現小說中的族群書寫，其實有一個十分重要的特色，就是這些有關族群身分的感受，多半不是一種「主動」的身分認同，而是被動的、由他人對待自己的態度所產生的詮釋。這就是爲什麼他必須在自己被朋友以省籍做爲歸類的方式之後，才開始哀傷地看待父親因不會說台語被趕下計程車一事，而不只是當成笑話說給朋友聽：

> W 對我說：你知道嗎？小惠說，她那時就一直覺得：我和你的關係，
> 就像她和張庭一樣。什麼意思？我記得那時我恍若夜間行車，被對
> 面車道的遠光強燈曝灼得睜不開眼。因爲我是外省人？而 W 和小惠
> 一樣是本省人？……那是我第一次巍巍顫顫感受到自己從一張什麼
> 椅子上被人踢下來，……我開始哀傷地看待我父親被從計程車上趕
> 下來這件事。〔註44〕

當族群身分仍屬封閉於家族中的「口述歷史」，而非與外界產生互動的「人群分類」之階段，對於子女來說，父親口中所述說的身世故事，不論是「父親的身世」或「我被父親決定的身世」，其實都不會帶來衝擊甚至矛盾。也就是說，只有在族群分類成爲「切身感受」之後，它才開始產生意義。尤其在與「本省籍」的妻子結婚之後，妻族的「本省」身分，更成爲與父系身世強烈對比與衝擊的來源。不論是妻子在言談時以省籍凌駕性別來做爲人群分類的方式：「你們那些外省女孩」（頁 284）、或是岳父岳母追溯發生在澎湖的越南難民潮一事時的反應：「當年確實有聽說一些糾紛，有人雇了越南人然後又和那越南人起爭吵……倒是沒有發生女孩子之類的糾紛（像你們外省人）。」（頁296）以及岳母對於女兒嫁給「外省女婿」的態度：

> 有一天你的岳母憂傷且體己地把你叫到跟前，說她年輕時就發誓，
> 她的女兒將來一不嫁外省人，二不嫁教徒。結果現在她兩個女兒，
> 全跟了兩句河洛話都講不ㄌㄧˋㄌㄅ˙ㄥ的外省仔。你才驚駭著，
> 原來你也像晚會結束摸彩那樣中獎了，寫了你族類的紙條被放在「不
> 受歡迎」的其中一個摸彩箱內。〔註45〕

---

http://www.supermbox.com.tw/4book/Comment/CommentContentIndex.hi?SSN=1025，2005。

〔註44〕見駱以軍《月球姓氏》（台北：聯合文學出版社，2000 年 11 月初版），頁 115～116。本節中再度引用此書時僅註明頁碼，不另加註腳。

〔註45〕見駱以軍《遣悲懷》（台北：麥田出版，城邦文化有限公司發行，2001 年 11 月

這些「族群經驗」，無疑在在加強了他對自身「外省身分」的敏感，原本空洞的「外省」標籤，也在這樣的互動過程中，化為具體的分類方式與族群位置。

但是，類似的身世背景，並不見得就會帶來同樣的族群認同。以利格拉樂・阿媽為例，她的父親同樣是飄洋過海來到台灣的「外省老兵」，童年記憶中自然也有不少「典型」外省第二代子女的生活經驗：

> 父親有一堆永遠也說不盡的滄桑，他總是喜歡在夜深人靜的時候小
> 酌兩杯，就著半醉半醒的情緒，娓娓地訴說著半生的遭遇和鄉愁，
> 像捲不斷倒帶的錄音帶般，一遍又一遍地重複播放著。〔註46〕

外省父親和原住民母親各自要面臨的掙扎與矛盾，年幼的利格拉樂其實似懂非懂，但對她而言，父親口中的「安徽」其實是一個無法想像的世界，因此她對父親說：

> 醜醜的貴族女兒、住著祖先的大武山、晚上會閃眼的精靈和愛吃檳
> 榔的紅嘴巴姆姆，我都曾經在媽媽的部落裡看到過，所以我相信媽
> 媽說的『嘎嘉姬』的故事，如果，你也能讓我看到安徽老家吊大雁
> 的石頭陷阱、要騎馬才能到的大門以及裝滿倉庫的零錢角角兒，那
> 我就跟你做外省人。〔註47〕

女兒的童言一針見血地將父親的「口述身世」與「返鄉神話」徹底粉碎，也道出了外省移民第二代，建構外省身分認同的根本困境：亦即，他們其實是缺乏身世「背景」的一群。如同黃錦樹（1967～）引用奈波爾（V. S. Naipaul）解釋移民後裔空虛感的來源之名句：「這小孩向後回顧，卻找不到家人的歷史，他找的只是一片空白。」〔註48〕「因為他沒有『背景』，他的背景的消失點在已然不屬於他的祖輩的原鄉。」〔註49〕因此對利格拉樂・阿媽來說，與

初版），頁 56。此外，陳玉慧的《海神家族》中同樣寫到此種不願族群間通婚的心態，綾子曾斬釘截鐵地對靜子說：「除非我死，否則你不可能嫁給阿山仔。」（見陳玉慧《海神家族》（台北：印刻出版公司，2004 年 10 月初版），頁 156。）

〔註46〕 見利格拉樂・阿媽《誰來穿我織的美麗衣裳》（台中：晨星出版公司，1996 年 7 月初版），頁 163。本節中再度引用此書時僅註明頁碼，不另加註腳。

〔註47〕 見利格拉樂・阿媽〈尋找牠的名字——蝴蝶與自我的辯證〉，《中外文學》第 27 卷第 9 期，1999 年 2 月出版，頁 127。

〔註48〕 見奈波爾（V. S. Naipaul）著，孟祥森譯《世間之路》（台北：天下文化出版公司，2002 年 12 月初版），頁 62。

〔註49〕 見黃錦樹〈身世、背景，與斯文——《華太平家傳與中國現代性》〉，收錄於行政院文建會編《紀念朱西甯先生文學研討會論文集》（台北：行政院文化建設委員會，2003 年 5 月初版），頁 98。

父親既無法親歷又難以想像的「外省」身世相較，母系的「原住民」身分無疑令她有更爲切身而眞實的感受。

只不過，在父權社會的教導下，利格拉樂仍然「整整遺忘了自己的母親二十年」（見頁7），年幼時的她於懵懂中接受了母親所教導的父權體系之身分認同：「要是有人問起你是哪裡人？妳千萬要記得說你是外省人，可別說起你媽媽是山地人，那是會被取笑的。」〔註50〕儘管村裡的孩子不愛跟她玩，還稱她爲「番仔」的親身經歷，讓她不禁在一次父母的爭執中脫口而出：「山地人有什麼不好，我就是要做山地人，……我也不想當外省人。」〔註51〕然而她對母系身世之認同，仍舊要等到她長大成人之後，實際接觸到母文化，並親身感受到「女性」與「原住民」雙重之弱勢感才告確立：

> 自從開始接觸母文化以來，心頭的重擔便始終像個沉重的包袱繫在
> 身上，久久無法釋懷，……如母親般這一群弱勢又少數中的弱勢，
> 在社會變遷與外來文化的衝擊下，她們不但喪失了在族群社會中的
> 地位，同時還要承受來自異族間的種族歧視，同族間的性別歧視及
> 異族同性間的階級歧視：種族、性別、階級的三重壓迫，同時加諸
> 在原住民女性的身上，難道這就是「文明」嗎？（頁7，38）

在此，利格拉樂・阿𡠀的族群身分認同，讓我們可以更深入地釐清有關族群認同的幾個觀點。

首先，母系身世對利格拉樂而言，同時具有「種族、性別、階級」三方面的意義，因此「女性性別」與排灣族的身分不僅一樣具有意義，且其構成的意義顯然比父親的省籍所能建構的要多，而成爲她選擇身分歸屬時的優先排序。這提醒了我們「日常生活中有太多的事物可以用不同的詮釋架構說明，族群想像的詮釋架構只是其中的一種。」〔註52〕過於強調或刻意忽略族群想像對個人產生的意義，無疑都是一種偏見。

此外，身兼排灣女子與泰雅媳婦兩種身分的利格拉樂，對於自己的「排灣族」身分，顯然又有更深一層的感情與歸屬感，因此儘管小女兒的泰雅名字叫做「麗度兒・瓦歷斯」，但她私下卻喜歡用她的排灣族名字「苞樂絲」來

〔註50〕見利格拉樂・阿𡠀〈尋找他的名字——蝴蝶與自我的辯證〉，《中外文學》第
27卷第9期，1999年2月出版，頁121。
〔註51〕同前註，頁126。
〔註52〕見王甫昌《當代台灣社會的族群想像》（台北：群學出版公司，2003年12月
初版），頁172。

暱稱她（頁134）。在訴說一個個部落女子的故事時，她更感同身受地表示：

> 身為異族通婚的一份子，我太清楚其中的相處之道並非一方努力即
> 可達成，一個典型的父系社會（泰雅族）的丈夫，如何與一個來自
> 母系社會（排灣族）的妻子平和的共守一生？其中的種種衝突與問
> 題絕非是外人所能想像的。（頁155）

也就是說，即使認同自己的「原住民」身分，但在這個「廣義」的原住民身
分之下，不同族的差異對他們來說仍是相當重要的。但由於族群想像乃是以
「重大社會意義的對比性類屬」做為人群分類的方式，因此目前台灣社會中
常以「泛原住民」的分類方式來和「漢人」做區隔，但事實上「被稱為或自
我認定為『原住民』的『族群』，內部其實有相當複雜的文化差異。……在台
灣歷史上，原住民不同族之間也有相當多的衝突與對立。」〔註53〕因此，「個
人的族群身分，在不同的族群區分的界定方式下，事實上是多重的。……我
們不應該假定一個人只有一個『族群身分』。」〔註54〕既然如此，個人的族群
認同自然也有可能是多重的，就如同利格拉樂既可以是她安徽父親、排灣母
親的女兒，也可以是她泰雅子女的排灣母親，這些身分並不見得是完全衝突
的，只是對個人的意義會依其在心目中的重要性而有排序上的優先與否罷
了。如果能夠了解這一點，或許族群身分就不至於膨脹為區分異己的唯一指
標了。

　　另一方面，駱以軍、利格拉樂・阿媳、郝譽翔、張大春、陳玉慧，這幾
位作家的父親同樣都是外省籍的族群身分，但他們的家族書寫作品卻呈現出
不同的認同傾向，這自然與作者本身的認同息息相關，也就是說，作者選擇
認同父系身世或母系身世的結果，往往就是兩者的比重在文本中產生明顯的
落差。不過，儘管比重不均，整體來說作者畢竟還是交代了自己「完整的身
世」。當然在不少細節上，作者可能會為了避免讀者「對號入座」的閱讀方式，
而夾雜真實與虛構，但在設定文本中敘述者的族群身分時，這些作者幾乎不
曾動用過文學作品「虛構」的權利。這一方面當然與家族書寫的文類特色有
關——家族書寫既然是「尋根」的書寫，那麼虛擬一個完全與自身無關的身
世，就失去了家族書寫尋根的意義，只能說是虛構的小說作品了。

〔註53〕見王甫昌《當代台灣社會的族群想像》（台北：群學出版公司，2003年12月
　　　　初版），頁57。
〔註54〕同前註，頁61。

但從另一個角度來說，族群經驗與記憶，恐怕是一種很難以完全靠想像來「設身處地」完成的寫作題材。受限於自身的背景、生活經驗、以及族群動員等各種因素的影響下，不同族群間對彼此的想像，有時不僅是誤解，甚至還充滿偏見。許銘義在〈追獵〉這篇作品得到時報文學獎後的得獎感言，讓我們充分理解到，當認同以一種「過度簡化的方式被喚起」〔註55〕時，可能會是怎樣的一種景況。他提到一次主持 call in 節目的經驗，題目是：「你對其他族群的看法」：

> 結果第一通電話是位外省老伯，指責陳定南於省長選舉挑起族群意
> 識；第二通是位福佬，指控大多客家人皆是心懷鬼胎；第三通則是
> 反擊，閩南人才奸詐；第四通是原住民青年，說自己族群長期被漢
> 人打壓；第五通聽眾則說：原住民許多地方已受到特別保障，那裡
> 弱勢？隔週我換了個更明確的題目：「談談其他族群的優點與長
> 處」，結果兩個小時過去，沒有一通電話打進來。〔註56〕

以族群論述爲主要目的的文學作品，或許不會像這些 call in 的聽眾一般，以如此粗糙的方式談論族群，但其中反映的族群意識，有時也很難跳脫自身的族群立場。盧建榮（1949～）在分析台灣文學中的國族認同問題時，就曾指出：

> 台灣論述所賴以承載的文本中，主人翁通常是與論客政治立場上同
> 調的人，屬於他們經驗世界的事物，他們可以用寫實的筆調加以塑
> 造類同「自我」的角色。反之，文中對於對手 —— 中國意識者 ——
> 的書寫，多少超出他們自我經驗範疇，而需要藉助想像，用以經營
> 小說主題。這種對論敵的想像工作，就是陳光興所說的「想像的他
> 者」（imaginary other）。〔註57〕

如果超出經驗範疇的政治或族群立場，可以藉由想像來完成，問題似乎就已解決，但事實並非如此。因爲這些宛如「族群代言人」的作者，往往是爲了宣揚自身的族群認同，甚至是將小說做爲某種族群政治動員的工具，這樣的

〔註55〕見 Kathryn Woodward 等著，林文琪譯《身體認同：同一與差異》（台北：韋伯文化出版公司，2004 年 9 月初版），頁 458。

〔註56〕見許銘義〈得獎感言〉，收入楊澤主編《魚骸：第十八屆時報文學獎得獎作品集》（台北：時報文化出版公司，1995 年 12 月初版），頁 71。

〔註57〕見盧建榮《分裂的國族認同 1975～1997》（台北：麥田出版，城邦文化有限公司發行，1999 年 2 月初版），頁 100。

族群想像，有時難免過於「一廂情願」：不論是相信「中國國族主義具有解構十九世紀末台灣族群衝突的作用」〔註58〕，或是描寫外省第二代的「我」自覺到大中國意識形態的錯誤，轉而認同台灣與台獨〔註59〕，都同樣只是以「我族」的立場表達某種族群想像與期待的產物，而不是易地而處的族群意識。筆者在此並非意指外省族群的成員就不可能有台獨意識，或是本省族群就不會有「大中國」思想，畢竟族群身分並非影響國族認同的唯一條件，但如果這些「想像對立族群立場」的作品，只是以宣揚自身的族群認同為目的，這種具有誘導讀者閱讀方向的「偏好閱讀」之書寫策略〔註60〕，恐怕很難令不同族群間能真正進行對話或互相接納。因此，家族書寫中呈現的族群認同，雖然多半未跳脫作者自身的族群身分而難免有所局限，卻也多少避免了以想像來建構他者的族群認同時，可能產生的種種問題。

三、家族書寫中的國族認同

　　儘管族群認同與國族認同，時常被相提並論甚至混為一談，但事實上由族群到國族，往往不是一條單行道。族群身分固然是影響國族認同的重要關鍵之一，但並非絕對。至於文本中敘述對象（即敘述者的家族成員）的認同、敘述者的認同、以及作者本身的認同，這三者既不見得需要相同，且不一定都會在文本中表現出來，因此以下筆者就針對這三個層次，分別論述家族書寫中的國族認同。

（一）敘述對象的認同

　　前文曾經提到，由於本文所討論的幾部作品均完成於外省族群的相對弱勢感較為強烈的時期，因此以外省父系身世為主的作品中，也就多少提及了「外省父親」的國族認同。這幾部作品對父親的國族認同之描述，或許多少打破了一般人對外省族群（尤其是所謂的外省第一代）國族認同的偏見與想

〔註58〕 見盧建榮《分裂的國族認同 1975～1997》（台北：麥田出版，城邦文化有限公司發行，1999 年 2 月初版），頁 44。

〔註59〕 同前註，頁 90。

〔註60〕 此種策略稱為「偏好閱讀」（preferred reading），為文化研究學者霍爾（Stuart Hull）之觀點，筆者此處引自盧建榮《分裂的國族認同 1975～1997》（台北：麥田出版，城邦文化有限公司發行，1999 年 2 月初版），頁 33。有關偏好閱讀的觀點，可參見 Hall, Stuart and D. Hobson , eds. *Culture, Media, Language*. London: Hutchinson, 1980.

像。也就是說，外省第一代的國族認同，可能並非一般人心目中的「大中國」或「大一統」主義，相反地，他們對於自己曾經擁有的信仰也會產生懷疑或變化。如同高格孚（Stephanc Corcuff 1971～）在研究外省人的國族認同時所指出的，許多人相信外省人都是支持統一且無法認同台灣的，由此引發的疑問或不滿則是：「那些外省人那麼想統一，他們為什麼不回去呢？」或者更激烈的「中國豬，滾回去」，「太少人對『外省人＝統一』的這個偏見提出質疑。」〔註61〕但這些家族書寫的作品則讓讀者看到，對於這些外省第一代的遷徙者來說，國族認同並不是理所當然的「大中國認同」，反而可能是一個非常困難與矛盾的選擇，更進一步來看，與其說這些作品寫的是國族認同與信仰的建立，不如說是信仰的失去與崩解。

關於這些並非出於自願而離鄉背井的外省第一代，離散（diaspora）的概念或許頗能代表他們面臨的處境。所謂離散，指的是一種外力造成的散落（dispersal），以及不情願的遷徙（reluctant）。離散意識所強調的是，在共同起源所創造的共同連結，以及因為散居各處所產生的其他連結之間，所具有的張力，同時也強調人們有責任要記得在戰爭前所擁有的生命經驗。因此儘管離散這個概念仍有一些爭議，但它可說是在居住的地方（the place of residence）和從屬的地方（that of belonging）之間，打開了一個歷史和經驗意義上的裂縫。〔註62〕以離散的概念來思考外省第一代的認同問題時，不難看到離散經驗是如何深深地影響了他們的生命與認同。

事實上，當時這些隨著蔣介石政權一同渡海來台的外省第一代，確實是相信當權者所謂的「反共復國」神話的，對他們來說，中國是他們的「祖國」，而那塊土地上的家才是他們的「故鄉」。「1949 年這些中國放逐者有完全的理由相信，認同國民黨政府、為它犧牲奉獻，及默許當時該黨政府所有在今日絕不為大眾所接受的政策，是應該的。」〔註63〕這信仰之堅定是不容質疑的，就像張大春的父親，會怒聲斥責孩子和他的朋友們對三民主義「不敬」：「混

〔註61〕見高格孚（Stephanc Corcuff）《風和日暖》（台北：允晨文化有限公司，2004年1月初版），頁35。

〔註62〕以上有關離散的概念，整理並引用自 Kathryn Woodward 等著，林文琪譯《身體認同：同一與差異》（台北：韋伯文化出版公司，2004年9月初版），頁478，493～494。

〔註63〕同註61，頁67。

帳東西！沒有三民主義，你們能坐在這裡喝酒嗎？」〔註64〕但是隨著時間過去，三民主義統一中國的願望從來也沒有實現，甚至顯得宛如癡人說夢時，他們所面臨的不只是信仰的考驗，更是認同的危機。四十多年的信念顯得如此岌岌可危，甚至在回頭時才發現自己似乎從來也不曾了解過這個多年來堅守的信仰：

> 一九九九年，郝福禎握著《山東流亡學生史》，他知道自己從來不曾
> 了解過共產黨，即使他站在街頭激情演講過數百回，他更不了解國
> 民黨，雖然那曾經是他唯一的信仰。但除了害死朱昊之外，他不知
> 道自己做過什麼？憑什麼當年膽敢走上街頭大聲吶喊？〔註65〕

於是，這些外省第一代族群對信仰和主義，漸漸從堅信、動搖、懷疑，最終走到喪失的結果：

> 電視新聞的鏡頭掃到曹大老，我父親居然用山東腔的台語罵那螢光
> 幕：「幹你娘！」後來以及再後來，他的山東腔依然十分堅持，可是
> 那句咒罵則普及於他加入了五十年的那個黨的主席和主義。他失去
> 了那個信仰。〔註66〕

　　但是，放棄信仰可能還是比較「簡單」的一種選擇，對於那些身處矛盾之中卻不知如何做決定的人來說，認同危機才是最強烈的。那些在光譜兩端，主張極統或極獨的人，其實是沒有認同危機可言的，「因為他們做決定的時候，已處理了他們的認同危機」。〔註67〕但這樣的人畢竟只是少數，對大多數的外省第一代來說，他們既難以認同「祖國」現在的真實面貌——「中華人民共和國」，對於台灣本土化的趨勢又感到焦慮不安，在這樣兩難的局面中，他們只好活在自己「想像的中國」裡，如同駱以軍的父親所做的選擇：

> 我父親的晚年，他已不再觀看與現實世界有任何關連的新聞節目
> 了。他也不再像那些咖啡屋裡穿著一身酸臭夾克的老外省們，痰聲
> 濃濁，罵罵咧咧地批評時政了。我偶爾回永和老家，在他癱坐搖椅
> 對面的電視裡，永遠播放著京劇，或是《八千里路雲和月》、《大陸
> 尋奇》、《台灣人在大陸》……這一類的節目或錄影帶。他總是無限

〔註64〕見張大春《聆聽父親》（台北：時報文化出版公司，2003年7月初版），頁90。
〔註65〕見郝譽翔《逆旅》（台北：聯合文學出版社，2000年3月初版），頁92。
〔註66〕見張大春《聆聽父親》（台北：時報文化出版公司，2003年7月初版），頁91。
〔註67〕見高格孚（Stephanc Corcuff）《風和日暖》（台北：允晨文化有限公司，2004年1月初版），頁122。

神往一臉燦爛地盯著封閉在那個箱子裡的世界看。〔註68〕

將新聞與時政關在外面的現實世界，而以「故國風土」的節目來抒發自己的鄉愁，這樣的方式看來不僅消極，或許還會引來前述的質疑：既然這麼想念家鄉，爲什麼不回去呢？但這些外省老人最大的困境正在於，他們不是不想回去，而是他們其實回不去。

「某些有關離散意識的觀點，會特別強調回到起源地的可能性和願望。這些觀點也許有，也或許沒有注意到採取這種姿態可能會遇到的困境。」〔註69〕夢想中的返鄉之旅，最後感受到的往往不僅是時空變遷的殘酷，甚至可能是更難堪的結局：《海神家族》中的父親二馬，返鄉後不僅親生女兒不肯與他相認，又被姐夫等人設計仙人跳，在「故鄉／異鄉？」生病的他，最後還是靠著台灣妻子來塗接他，才回到台灣。「後來每次當他在醫院想起他那一趟長達五年的返鄉之旅，都不得不苦嘆。他的台灣家庭是他四十年來的生活，三分之二的人生，而大陸的家庭卻是三分之一的生活。他是不完整的人，被切割成兩個部分。他不可能對生活感到滿意。」〔註70〕駱以軍的父親，則必須面對他日夜思念、牽掛多年的髮妻，原來在他離開的第二年後就已改嫁他人的事實，讓他不禁怨懟：「我還守了十六年才又娶。她怎麼第二年就急著嫁出門呢？」（頁 336）郝譽翔的父親，又何嘗不是在孑然一身的情況下寄望返鄉定居，卻發現自己「根本住不下去，只好跑回來台灣。」〔註71〕這一切，在在顯示出外省第一代雙重失落的困境：對他們來說台灣不是他們的「故鄉」；但時移事易，到了那邊被視爲「台胞」的他們，也已不見容（或自己無法融入）那「眞正」的故鄉了。離散經驗讓他們不論是在「居住的地方」或「從屬的地方」，似乎都難以眞正找到歸屬感，雖然他們可能沒有發現或不願承認，這麼多年來，他們早已不知不覺地在某種程度上接受並融入台灣這個地方了。因此儘管他們不見得會把台灣視爲故鄉，但是當被問到「年老時是否會有『客死他鄉』的遺憾」時，其實大部分的答案仍是否定的。〔註72〕當然，

〔註68〕見駱以軍《遠方》（台北：印刻出版公司，2003 年 6 月初版），頁 192。

〔註69〕見 Kathryn Woodward 等著，林文琪譯《身體認同：同一與差異》（台北：韋伯文化出版公司，2004 年 9 月初版），頁 495。

〔註70〕見陳玉慧《海神家族》（台北：印刻出版公司，2004 年 10 月初版），頁 261。

〔註71〕見附錄一、郝譽翔訪談紀錄，頁 281～282。

〔註72〕此爲高格孚針對外省人國家認同所設計的問卷，在 948 份的問卷中，回收 286份，回收率 30.17%，調查日期爲 1997 年 2～12 月，在「客死異鄉」的這項調查中，有 27.5%在大陸出生的外省人回答「是」，其他 66.5%的答案則是相

這也意味著他們之中仍有一部分的人，可能就會這樣懷抱著感慨、矛盾、失落的情緒以終，但認同的選擇從來就不是絕對的，從上述這些例子，我們再次看到純粹以族群、歷史經驗或血緣等本質論的因素，來判定一個人的認同位置，是一種多麼粗糙的方式。

（二）敘述者的認同

另一方面，既然本質論式的、過於化約的思考方式，不足以涵蓋認同的複雜概念，父母的身世自然也不能決定子女的認同位置，但是它仍多少影響了子女所要面對的認同問題。更具體地說，以這群外省第一代的子女（「外省第二代」）爲例，這些子女並不是因爲他們身爲「外省第二代」而產生一種固定的「外省第二代身分認同」，而是他們的身分背景與環境，可能會爲他們帶來某種不同於外省第一代的認同難題：父親是「外省人」、母親是「本省人」，那麼自己算是「哪一省人」？和渡海來台，對中國或國民黨從絕對的認同轉爲懷疑或失落的父親不同，他們出生成長於台灣，對台灣的認同原本應該是自然而然、無須質疑的。但是在政治動員、族群想像、意識形態等各種因素的影響下，「外省第二代」開始產生了缺乏歸屬感與左右爲難的認同危機：

> 雖然我生在台灣，長在台灣，但從小時候我就被叫做外省囝仔。……
> 我，客家人和外省人的孩子，是台灣人？新台灣人？還是外省二
> 代？……我生在這土地，長在這土地，我是台灣人啊，爲什麼有一
> 把尺，老把我撥到海峽中間呢？〔註73〕

在台灣，他們要面對「族群分類」時的尷尬處境，自從兩岸開放之後，「外省父親的故鄉」令情況變得更爲複雜，他們當中選擇認同父系身世的那一群，還要面對自己恐怕並不認同那個想像中的「省籍原鄉」的困局。在《遠方》一書當中，我們就可以看到駱以軍將此種困惑、疲憊與不耐，幾乎不經修飾地在文中表達出來：

> 蝙蝠的故事又要令人煩厭地上演了。怎麼說呢，我說，像我這種人，
> 在台灣被稱爲外省第二代。我們的看法不算是看法。我的父親在半
> 世紀前跟著潰不成軍的國民黨逃到台灣，在那裡生下了我。現在我

反的。見高格孚（Stephanc Corcuff）《風和日暖》（台北：允晨文化有限公司，
2004 年 1 月初版），頁 104。

〔註73〕見蕭菊貞《銀簪子——終究，我得回頭看見自己》，（台北：時報出版公司，
2001 年 9 月初版），頁 143～147

代表他回到他的家鄉探望他交代的那些我的哥哥們，但他們已是一群我幾乎聽不懂口音的老人了。在那兒我們不被稱爲台灣人被稱爲外省人。有一些簡單的辨識方式便使我們第二代以學說流利台語混跡其中。那時我們就是台灣人了，但這樣經過嚴厲監視下被允許爲台灣人的，他們是不會對「獨立」或「統一」有任何看法。這些人會狡猾地說「維持現狀」。他們灰撲撲地活在一個奇幻的「現在」的身分裡。〔註74〕

不過，如果我們進一步細究這些外省第二代家族書寫的作品，可以發現一個有趣的現象，就是文本中其實鮮少提及敘述者的國族認同立場。即使像是被視爲「外省第二代族群書寫」代表之一的駱以軍，在《月球姓氏》裡對國族議題的相關思考仍是較少的，直到描寫去大陸救回中風父親的《遠方》一書，才如此直接地描寫這種「夾縫中的感受」：他在大陸時，看到台灣旅行團會出現想要上前去「千里認鄉親」〔註75〕的衝動；在拯救父親的台灣護士和外國人醫生終於出現時，卻又有著微妙的感受 —— 一方面對於「這醫院的黯淡破敗被人輕視而委屈不忍，但又爲來自我的國度現代化氣氛而得意，台灣女孩優勢教養（我突然好崇拜她啊）」。〔註76〕這或許是因爲直到《遠方》，駱以軍才眞正「切身」感受到自己和那個「父親的國度」距離其實是如此遙遠，在大陸時的他體會到自身對台灣的認同，但身在台灣時卻又無法眞實擁有歸屬感的矛盾，方引發他對這個問題更深刻與細膩的思考。

至於其他幾部作品，有關國族認同的相關書寫篇幅更少：《逆旅》一書偏重在父親的故事與歷史，以及「我」與父親之間的關係，就如同郝譽翔在書前的序言所說的，聽到父親講述一段段的往事時，「眞正令我震驚而不能言語的，不是其中的是非對錯或『眞相』，而是父親說起這段三十年前的往事時，竟然還如此大聲地哭泣出來」。〔註77〕也就是說，她之所以對過往這段歷史產生書寫的動機，主要並不是因爲那是「外省族群」的記憶，而是因爲那是她了解父親的方式，國族認同等問題自然也就不是她關心的重點所在；《聆聽父親》以描寫祖家五代的故事爲主，關於「我」的經歷與想法雖然貫串全書，但篇幅畢竟不多，有關國族問題的發想亦只有點到爲止：

〔註74〕見駱以軍《遠方》（台北：印刻出版公司，2003年6月初版），頁60～61。
〔註75〕見駱以軍《遠方》（台北：印刻出版公司，2003年6月初版），頁49。
〔註76〕同前註，頁232。
〔註77〕見郝譽翔《逆旅》（台北：聯合文學出版社，2000年3月初版），頁13。

> 我出生的這個名之為台北的城市亦然。當時大部分的街道也容有一
> 種隱喻式的修辭意旨。……在將近半世紀之前，這樣命名街道的意
> 思是在隨時提醒行走在此城街道上的人們：我們已經因內戰戰敗而
> 失去的版圖仍在我們的腳下。……命名者首先假設：不知道中國地
> 理的人是應該在台北接受迷路的懲罰的；甚至，不知道「民族、民
> 權、民生」以及「忠、孝、仁、愛、信、義、和、平」這些綱領或
> 德目的人也活該要冒繞冤枉路的危險。或者我們應該把這套設計做
> 善意一些的解釋：那些無知或忘記了中國版圖（主要是行省及大城
> 市名稱）、無知或忘記了中國政治目標和道德的人可以在這個城市裡
> 重新學習、認識：「我從哪裡來？」的問題。〔註78〕

透過對台北城市街道的命名原則，張大春隱隱批判了蔣介石政權對「中國版
圖」、「反攻大陸」的想像，其實是如何虛妄與自欺。

　　無獨有偶地，陳玉慧在《海神家族》中提及敘述者國族認同的內容雖少，
卻同樣點出了過去在國民黨政權統治下的國族想像，是多麼地「奇特」：

> 我來自一個奇怪的國家。我是在出國後才知道，在國外幾乎沒什麼
> 人知道或承認台灣，我以前以為「中華民國」是一個相當有國際地
> 位的國家，版圖甚至包括中國大陸，台灣政府只是暫時從大陸遷台，
> 將來會「反攻大陸」。我出國以後才知道這是莫大謊言。以前我們在
> 學校的地理課上只有中國大陸的地理，雖然那些地方聽起來都很遙
> 遠，像東北的長白山或新疆的戈壁沙漠，除了「外省人」誰也沒去
> 過，但我們被迫學習那樣的地理。我一直不明白，但我出國後才終
> 於明白，台灣是一個很奇特的所在，台灣既像一個國，卻又不是一
> 個國。〔註79〕

過去國民黨政府所努力建構出來的「中華民國國族想像」，一旦置放在國際版
圖或現實情境中，立刻顯得不堪一擊：「儘管國民政府宣稱自己代表整個中
國，包括大陸，也在象徵的事物上（例如「中華民國地圖」）盡可能堅持這種
宣稱；但是在實質上，大陸的人民卻不能享有台灣的公民權利，也不需要對
台灣盡任何公民義務。」〔註80〕台灣特殊的歷史背景，使它雖然做為一個實

〔註78〕見張大春《聆聽父親》（台北：時報文化出版公司，2003 年 7 月初版），頁 55
　　　　～57。

〔註79〕見陳玉慧《海神家族》（台北：印刻出版公司，2004 年 10 月初版），頁 8。

〔註80〕見王甫昌《當代台灣社會的族群想像》（台北：群學出版公司，2003 年 12 月

質上主權獨立的國家，但是國際地位卻是相當尷尬的，誠如江宜樺所言：「台灣的國家認同問題主要並不是西方民族主義文獻中所談的『獨立建國』或『打造國族』問題，而是關於台灣做爲一個『實質存在的國家』應該如何自我定位。」〔註 81〕目前台灣在討論國族認同問題時，多半仍不脫統／獨、中國／台灣、外省／本省、藍／綠這種二元對立的迷思，然而事實上，如何將台灣的國族問題放置在全球的脈絡下來觀察，並進而面對台灣的定位問題，或許方是更值得思考的方向。

（三）作者自身的認同

本節討論到目前爲止仍未提及的《昨日重現》，恐怕是本文所探討的作品當中，最少碰觸或處理政治與國族認同議題的一部。這一方面當然與寫作時重點的選擇與裁減有一定的關係，更何況作家本來就可以是「專斷獨裁」的，但鍾文音之所以不寫國族，除了文學性的考量之外，更大的原因仍在於她本身對於國族議題的態度與看法。由此我們可以看出，作家自身的認同是如何影響了書寫的偏向。鍾文音在接受筆者訪談時，曾提到她「爲何不寫國族」的理由，一方面是因爲她認爲「眞正影響我們對國族的認同是因爲父母親的原生血裔，是父母親怎麼營造我們的認同，而不眞的是國族這個符號。」〔註 82〕另一方面，旅行也讓她得以從一個更開闊的角度來思考認同問題：

> 旅行把我拉到一個位置，讓我看到自己個體的生命跟符號是非常微弱的，我並不迫切需要知道我到底是屬於那一個國族，我覺得旅行相當程度把這個東西打破了，因爲我不斷在國跟國之間移動，國族對我根本沒有作用。而且因爲我長得非常「國際化」，沒有人知道我到底是屬於哪一個國家……我到尼泊爾，人家說我像尼泊爾人，到印度像印度人，到哪個國家就變成那個國家的人，甚至我到墨西哥，人家也說我像墨西哥人，聽多了之後，我會覺得台灣這個字詞對我非常沒有作用力，我會覺得自己像是世界人。〔註 83〕

對鍾文音來說，國族問題一方面可以回歸到父母、家族等「小我」但毋寧更爲切身的議題與面向來思考；另一方面也可以拉開視野，從更爲宏觀的國際

初版），頁 81～82。

〔註 81〕見江宜樺〈新國家運動下的台灣認同〉，收錄於林佳龍、鄭永年主編《民族主義與兩岸關係》（台北：新自然主義公司，2001 年 4 月初版），頁 189。

〔註 82〕見附錄四、鍾文音訪談紀錄，頁 330。

〔註 83〕見附錄四、鍾文音訪談紀錄，頁 327。

或世界的角度來看待，打破「以國爲界」的局限。既然如此，「國族」對她來說不成爲困擾或在意的議題，也就不令人感到意外了。

不過，鮮少提及國族的鍾文音，在 2004 年總統大選後不久，倒是罕見地寫了一篇與「時政」相關的散文〈一個台北客的出走計畫〉，這篇文章可說更明確地支持了上述的觀點。她在文中提到：「藝術家的出走是爲了視野、是因爲世界在召喚，豈能等同於祖國這類的愛與不愛之命題，……藝術爲何不能超越政治？如今藝術不見，城市醜陋政客氾濫，這於我才是悲傷的城市悲傷的島嶼底層啊。」〔註84〕正因爲自己「對歷史時空是存在著更大宏觀與和解的想法」〔註85〕，因此對於抱持強硬的政治態度的人（例如自己的母親），她也能夠理解並接納屬於他們的堅持。就像守寡多年的母親選擇在牽手活動時獨自坐著陌生的巴士，被載到陌生的苗栗，在陌生的空間與陌生男子牽手，「且牽的時間還那麼長久且心情陷入空前激情的小說式荒謬。」〔註86〕這樣的行動她自己不會參與，也不見得完全認同，卻能夠以更開闊的態度來看待這樣的激情，因爲她了解母親有她自己的理由：「母親是具體被語言隔離與被歷史不幸仇殺所捕獲的人，她的捍衛與決定權是我這一代所無法改變的，而我也不想改變她。屬於她的歷史，自有她自己的詮釋權。」〔註87〕

鍾文音藉由旅行拉開了認同的視野，陳玉慧也同樣是在移居國外後，才得以看到過去所受的那些認同中國的教育，是多麼地脫離現實。但她也清楚了解到，「非中國不可」或是「非台灣不可」的這兩種人，在某種程度上都是統治者催眠下的結果：「以前蔣介石的催眠，反攻大陸的催眠，跟現在統治者的催眠是類似的，只是在技巧手段上不一樣。」〔註88〕另一方面，來自身分混和家庭的她，「對身分認同的問題態度本來有點曖昧」〔註89〕，因爲不屬於任何一邊，她因此成爲一個局外者。但這種邊緣的身分反而使她可以跳脫一般的邏輯思考方式〔註90〕，並且因爲透過距離而把事情看清楚。〔註91〕「事

〔註84〕見鍾文音〈一個台北客的出走計畫〉，《中國時報・人間副刊》，2004 年 5 月 5 日。
〔註85〕同前註。
〔註86〕同註 84。
〔註87〕同註 84。
〔註88〕見附錄三、陳玉慧訪談紀錄，頁 311。
〔註89〕見明夏文，陳玉慧譯〈丈夫以前是妻子——評論家丈夫明夏專訪小說家妻子陳玉慧〉，收錄於陳玉慧《海神家族》（台北：印刻出版公司，2004 年 10 月初版），頁 334。
〔註90〕見附錄三、陳玉慧訪談紀錄，頁 312。

實上，我覺得邊緣感挺不錯，那使你清楚意識自己的位置，而不管局外、邊緣或旁觀，都是一種生存方式，你不一定要介入才不疏離，你不一定要住在國外才是流浪，你很可能活在自己的土地都像去了異鄉。」〔註92〕正因這種邊緣旁觀與多元融合的背景，陳玉慧在作品中略帶疏離卻多元角度的寫作方式，才能納入如此龐大且繁複的家國歷史與認同。

另一方面，郝譽翔本人的政治與國族認同，則最能說明筆者前述「敘述者的認同」、「敘述對象的認同」與「作者本身的認同」三者不必等同觀之的論點。因為認同「外省第二代族群身分」的她，在政治和國族上卻是更偏向台獨的，她在訪談中如此表示：

> 我是支持台獨的，我覺得這種東西是不衝突的，我覺得這完全無妨到我認為台灣是一個獨立的個體。所以我在書寫我的童年跟我的認同的時候，我當然就是寫山東、寫大陸，因為我們從小就是這樣子被教大的，我覺得我必須把這個東西，很誠實的紀錄出來。而台灣本來對我們來講就是一片空白的，我們在小學的地理歷史，在從小到大的教育裡，它本來就不存在。……我進台大之後確實就改變了我的政治主張，我是支持民進黨的，現在不了，不過我大學以後就是支持台獨的，可是我不會因為這個東西就覺得我以前是錯的，它可能是錯的，可是那個東西對我來講，其實只是一個荒謬的夢而已。裡面的那些情感，包括我爸爸對他故鄉的情感，那些東西我都覺得是真誠的，完全不是做假的，我希望呈現出這些東西，所以我也希望本土派的人在看待台灣外省的時候，也可以用這樣的態度。他們對大陸的懷念、對故鄉的渴望，並不是一個虛假的東西，它是一個追隨著極權政治的，一種真誠的情感。〔註93〕

郝譽翔在此提供了一種看待不同趨向的國族認同立場的態度，就是尊重彼此那份「真誠的情感」。儘管那些想像可能是荒謬的、不切實際的，但是只要這份情感並非流於激情與非理性的對立，也未強制性地要求別人接受自己的立場，它們的存在自然應該被尊重。而上述幾位作家所揭示的，其實無非都是

〔註91〕 見明夏文，陳玉慧譯〈丈夫以前是妻子——評論家丈夫明夏專訪小說家妻子陳玉慧〉，收錄於陳玉慧《海神家族》（台北：印刻出版公司，2004年10月初版），頁324。

〔註92〕 見巫維珍訪問〈徵婚需要一點幽默感——陳玉慧答客問〉，收錄於陳玉慧《徵婚啟事》（台北：二魚文化有限公司，2002年4月初版），頁12。

〔註93〕 見附錄一、郝譽翔訪談紀錄，頁281。

以一種宏觀的視角與包容的態度來看待國族認同的問題，如此一來，台灣方能允許更多元的聲音，存在於同一塊土地上。

第三節　家族書寫中的文化認同

所謂文化認同，總括來說是指「一群人由於分享了共同的歷史傳統、習慣規範及無數的集體記憶，所產生出來的認同感。」〔註 94〕文化認同的主題是近年來在多元文化的社會中，各個族群與社群不斷意會到自己的過去，以及文化認同的危機所發展出來的課題。〔註 95〕但由於「文化」本身乃是一個相當複雜且不斷地在變動的概念，有關文化認同的研究，涵蓋的範圍自然也就相當廣泛。筆者在此僅以家族書寫作品中所涉及的幾個子題：飲食、語言與宗教爲例加以探討。

一、飲食、鄉愁與認同

飲食在每個人的日常生活中，都扮演著相當重要的角色，它不僅是人們賴以維繫生命、滿足生理需求的必需品，隨著人類文明的發展，飲食更成爲具有社會意義與功能的文化符碼或行爲模式，經由社會的客觀條件（例如當地特有的農產品）與集體共識（例如食用哪些食物是「奢華的展現」）〔註 96〕，屬於特殊社群的飲食習慣與儀式隨之產生。因此，「舉凡辦一場宴會、咬一塊麵包或在吧台邊喝杯啤酒，其進行方式也都是文化的一部分。這每一項文化元素在民俗學來說都可當做某種指標看待。」〔註 97〕而共享同樣飲食文化的

〔註94〕見劉文斌《台灣國家認同變遷下的兩岸關係》（台北：問津堂書局，2005 年 4月初版），頁 27。

〔註95〕見廖炳惠〈游離族群與文化認同——試論黃哲倫的《航行記》〉，收錄於氏著《回顧現代——後現代與後殖民論文集》（台北：麥田出版，城邦文化有限公司發行，1994 年 9 月初版），頁 169。

〔註96〕當然，此種「社會集體共識」並非固定不變的，而是隨著時代背景、社經環境、文化條件之不同而有所變遷。例如《昨日重現》中提到，對於當時在小鎮中務農的母親來說，不論是土豆糖或西螺米，都等於是「貴族」的象徵，有白米飯吃的日子，就成爲當時仍是少女的母親對未來理想生活的想像。但以目前台灣的生活條件來說，「白米飯」自然已經不可能成爲「貴族」之象徵。參見鍾文音《昨日重現》（台北：大田出版公司，2001 年 2 月初版），頁 49～50。

〔註97〕見顧恩特・希旭菲爾德（Gunther Hirschfelder）著，張志成譯《歐洲飲食文化》（台北：左岸文化出版，遠足文化有限公司發行，2004 年 1 月初版），頁 13。

一群人，也等於在某種程度上擁有屬於地方與社群的集體認同：「莱餚體系可以建構文化認同、社會認同，更能建立民族的、區域的和地方的認同。……人和社群有尋求認同的需求，因此，凝聚認同的種種可能正相繼消失的同時，地方特色更會藉由飲食保存下來。」〔註98〕看似抽象的文化差異，往往以具體的方式反映在飲食口味的差異上。因此《海神家族》中從琉球漂洋過海來到台灣的綾子，儘管覺得琉球料理和台灣客家菜已頗有雷同之處，但她最初對於夫家吃糜時所配的豆腐乳仍感到不慣，那氣味總令她想起聞過的綁腳布。因此在夢中，她常清楚夢見家鄉的刺身、海鮮，只是每當要用箸時，夢就無情地在此時中斷。此處「豆腐乳」與「刺身、海鮮」的強烈對比，正暗示著綾子初來台灣時仍未認同當地文化。因此，當她眞正開始願意和夫家「過一樣的生活」時，「吃豬腳麵線以消霉氣」的習俗，就立刻成爲她學著照辦的飲食習慣。了解飲食文化與認同之間的關係之後，我們方能理解爲何家族書寫中有關飲食的記憶與描述，往往總與認同有著微妙的牽繫。

正因爲飲食文化具有地域與社群的特殊性，「故鄉的食物」與「故鄉」之間似乎也因此可以畫上等號，如同「刺身」與「琉球」之間的關係，熟悉而令人懷念的美好滋味，往往不僅是開啓通往記憶之門的鎖鑰，更觸發和召喚了「鄉愁」。也就是說，食物的滋味把「鄉愁的滋味」具體化了。由許多懷舊作品中關於故鄉食物的書寫，就可看出飲食和鄉愁之間這種密不可分的關係。黃子平在研究中國懷鄉與飲食散文時曾指出：

> 味覺記憶的時間形式可分爲兩種，其一是「一次性」、無法重複的，發生在某年某月某日，可以在個人生命史的直線編年上定點標記，敘述者是單數第一人稱的「我」，通常以「此情難再」或「畢生難忘」爲其基本主題；其二是非線性的、循環往復的，以日、月、季、年爲單位週而復始，進食行爲與周圍的物質環境有相對穩定的意象聯繫，敘述者通常是複數第一人稱的「我們」（「越人」「北平人」），經由敘述將個體生命記憶納入社群記憶（風俗）之中。〔註99〕

我們可以發現，在以家族故事爲書寫對象的作品中，觸及某種「社群記憶」

〔註98〕見顧恩特・希旭菲爾德（Gunther Hirschfelder）著，張志成譯《歐洲飲食文化》（台北：左岸文化出版，遠足文化有限公司發行，2004 年 1 月初版），頁 263、281。

〔註99〕參見黃子平〈「故鄉的食物」：現代文人散文中的味覺記憶〉，《中外文學》第 31 卷第 3 期，2002 年 8 月，頁 50。

的飲食書寫，似乎比個人經驗的回憶更多。這正是因為「故鄉的食物」不只
象徵著離鄉背井的人們，與「故鄉」和「故人」的牽繫，更代表了一種身分
的認同，象徵著自己與（曾經）「所屬之地」臍帶相連的血緣關係。

　　在這樣的情況下，分享同樣味覺記憶的「鄉親」，似乎也就理所當然成為
「我族」的成員，陳浩（1957～）寫到父母與一位「姑老爺」交往的奇妙因
緣，就是一個例子。由於陳浩的母親時常回憶童年時代老家常吃的拔絲山藥
的美味，一次陳浩的父親在菜市場遇到一個賣菜的老頭，賣的竟都是小黃瓜、
山藥等「外省人愛吃的菜」，欣喜之餘便上前攀談，又發現對方與陳浩的母親
同樣是徐州人，這層「親上加親」的關係，令他立刻「歡喜地請回家裡，與
母親敘敘。」〔註100〕陳母與對方敘了半天，勉強搭上「一表三千里」的遠親，
就尊稱對方姑老爺，之後時相往來，直到對方遷離小鎮為止。陳浩後來問母
親究竟與這「魏老爺」是從哪一段敘起的親戚，母親卻怎麼也想不起來：「反
正是親也是遠到不能再遠的親，就算不是親也是故吧，也是那年頭裡的緣分。
人都到了台灣，還說得上老家的事，還能說到一起去，就不容易。」〔註101〕
而原本並不相識，實在也稱不上有親戚關係的兩人，之所以能夠「說到一起
去」，正是靠著「家鄉的口味」所牽繫的那份親切感所促成的。

　　飲食文化所建構的認同，除了建立個人與社群間的聯繫與歸屬感外，有
時這種「共通性」甚至還可以如同「血型」或「星座」般成為某種性格分類
的符號，因此在飲食方面的記憶，甚至會出現將「父母的身分（省籍）」與「菜
餚特色」和「省籍性格」畫上等號的情況：

> 吃得海派，當然源於我的母親來自一個世家，浙江海寧，……讀《紅
> 樓夢》的人就知道，江浙菜有一個特色，就是含蓄而深沉。或者我
> 該進一步地說，杭州菜基本上是婉約的，把原有的材料經過多道程
> 序之後再變回原來的樣子，……一道茄子，經過干貝、蟹肉、荸薺
> 等等各種材料和方法蒸過來煎過去，去煨、去燜、去燉，浸過肉汁、
> 海味什麼的，再以不起眼的姿態呈現出來，上菜時仍只看得到是一
> 盤茄子，做主人的洋洋得意的說，請吃點茄子，最後就等著客人說，
> 啊，這是什麼茄子這麼好吃？我在長大後宴客，做菜時也仿餐館大
> 塊材料直接上桌，……母親說，好料是藏在裡面，哪能這樣招搖？

〔註100〕見陳浩《一二三，到台灣》（台北：時報文化出版公司，2004年5月初版），頁54。
〔註101〕同前註，頁55。

難看死了，像暴發戶。〔註 102〕

事實上，各地菜餚之所以具備所謂的「地方色彩」，最初自然受到地理環境、物產等客觀因素的限制與影響。然而，當菜餚與風土人情結合，而成爲所謂的「地方菜餚」之後，它已成爲一種文化的符碼，就此與「地方性格」產生密切的連結。因此在上述的引文中，「江浙菜的含蓄」與「江浙人的婉約」，也就成爲「母親性格特色」的具體表徵了。

另一方面，對母親手藝的津津樂道，其實也訴說著女兒對母親的記憶與懷念。飲食做爲一種連結記憶的神祕符碼，總是不時牽動著人們對親情的憶念。藉由將母親的烹飪手法巨細靡遺地紀錄下來，似乎就成爲另一種記憶母親的方式。如同林文月《飲膳札記》〔註 103〕一書，就是透過對美食的烹調紀錄，寄託作者傷逝懷舊的情緒。而林文月所傷懷的，除了美好時光的流逝之外，更有對逝去的事物「當時只道是尋常」，如今卻無由追尋的感嘆：母親何以稱五柳魚爲五柳羹？（〈五柳魚〉，頁 142）何以捨淺棕色竹葉而取綠色竹葉製作肉粽？（〈台灣肉粽〉，頁 72）鄭師母與眾不同的一道「蔥烤鯽魚」，是出於創發還是另有師承？（〈蔥烤鯽魚〉，頁 100）這些過去視爲理所當然或未曾深究的事情，在長輩凋零後方知無從考證的遺憾，引發了林文月提筆寫下《飲膳札記》一書的動機。也正因如此，該書在傷逝懷舊的背後，更流露出另一層「努力將美好時光、事物與記憶留住」的深意。爲看似平凡瑣碎的烹調手法留下紀錄，是爲了讓過去的事物成爲有跡可循，得以按圖索驥的文字紀錄，而非「欲尋不得」、「無從追究」的如煙往事。〔註 104〕

從另一個角度來說，在紀錄飲膳回憶的同時，林文月不只留下了可貴的烹飪技藝，與喚回美好的往昔時光；事實上這種屬於每一個家庭或家族的獨特口味與記憶，又比籠統的「故鄉風味」更爲細膩傳神地將家族的記憶、性格與智慧，刻畫在關於味覺的記憶之中。因此張大春《聆聽父親》一書中所提到的「傳家祖訓」，才會看似奇特地「與做人處事、修身齊家的大道理一點兒關係也沒有。」而是諸如「餃子，豬肉餡兒的要和韭菜、牛肉餡兒的要和

〔註 102〕見王宣一《國宴與家宴》（台北：時報文化出版公司，2003 年 1 月初版），頁 82、93～94。
〔註 103〕林文月《飲膳札記》（台北：洪範書店，1999 年 4 月初版）。以下引用本書時僅註明篇名與頁碼，不另加註腳。
〔註 104〕本段有關《飲膳札記》之分析，部分改寫自拙作〈林文月飲食散文中的人‧情‧味──從〈蘿蔔糕〉一文談起〉，《幼獅文藝》第 613 期，2005 年 1 月，頁 58～63。

白菜、羊肉餡兒的要和胡蘿蔔。」「吃大蒜配生薑、棗子，嘴不臭。」「煮老豬、老羊，要往鍋裡扔一小把舊竹篾子鬚」……〔註105〕但理解了飲食與認同之間的關係之後，我們或將發現，這些關於食物的祖訓家規，可能比任何其他大道理都更能凸顯屬於一個家族的獨特之處。

　　由上述的分析，我們可以看出飲食、人情、記憶與認同之間微妙的牽繫。而食物之所以能牽動我們的情感與回憶，或許在於每一道尋常食物的背後，往往都蘊含著看似細瑣平凡，卻又最為真實具體的生活點滴與家族、社群之獨特風格，食物的滋味也就格外容易勾起人們的往事、往思，從而引發對親人或故鄉的記憶與思念。不過，飲食誠然是召喚記憶、建立認同的重要媒介，但如果這些食物僅止於耳聞而非親身嘗試，它是否還具有同等的意義呢？對於不少「外省第二代」的子女來說，這可能會是一個難題。這些往往只能在父母的口述中，藉由想像揣摩「故鄉飲食」之滋味的子女，對「故鄉食物」的認知其實是與離鄉背井的父母大異其趣的。他們之中有些人或許如前所述，用食物做為加強認同的一種方式，但有些人從「故鄉的食物」所感受到的，反而是認同的斷裂，例如郝譽翔的《逆旅》，就深刻地呈現出所謂「外省第一代」和「外省第二代」之間，有關飲食、記憶、認同的差異性。身為山東流亡學生的郝福禎，對於家鄉食物的記憶，充滿了眷戀和美化，與其他身處同一時代背景的人其實並無太大差異，就像陳浩的父親總是說「老家的蘋果有台灣的小西瓜那麼大」〔註106〕，郝福禎對於故鄉的水果同樣回味無窮：「咱們山東老家的梨不知有多好吃，不像台灣的梨這麼粗，那梨肉質細水分多，吃到口中一點渣也沒有，一不小心掉到地上就化為一灘水。還有蘋果，就有兩個拳頭那麼大，小時候我上私塾，喜歡逃課，一逃課就躲到梨樹和蘋果樹上吃個飽……」〔註107〕這些鄉愁的滋味成了子女心目中的「鄉野傳奇」，然而當他們有機會印證的時候，卻發現父親的回憶與真實之間的落差是如此之大。在長春滿街找蘋果的陳浩，只找到巴掌般大的瘦小蘋果，同行的老堂哥一臉不解：「都這麼大，你到底要找多大個兒的呀？」〔註108〕郝譽翔在親身到

〔註105〕以上引號內文字均引自張大春《聆聽父親》（台北：時報文化出版公司，2003年7月初版），頁67。

〔註106〕見陳浩《一二三，到台灣》（台北：時報文化出版公司，2004年5月初版），頁107。

〔註107〕見郝譽翔《逆旅》（台北：聯合文學出版社，2000年3月初版），頁36。本節中再度引用此書時僅註明頁碼，不另加註腳。

〔註108〕同註106，頁106。

了北方之後，更是加強了她多年來對父親「口述歷史／傳奇」的懷疑：「蘋果樹是那般瘦小，怎麼可能撐起人的重量呢？」（頁 50）不論「瘦小的蘋果樹」與「兩個拳頭大的蘋果」的強烈對比，是出於時空環境差異造成水果品質的改變，或是在鄉愁不斷發酵與膨脹下造成的想像與事實之差距，然而從女兒的角度來看，父親「老家的水果」正如他多年來的逃亡故事一般，不過是一個遙遠而面貌模糊的傳說。

但是，如果說「山東老家的梨」之所以無法發揮「建立社群共同記憶」的功能，拉近父親與女兒的距離，是因爲女兒不曾（也無法）親嘗「山東老家」水果的美味，父女兩人缺乏同樣的味覺經驗，因此難以建立共同的社群記憶與認同；那麼對於那些較有機會品嘗到的「家鄉味」，是否就眞能達到建立認同感的效果呢？恐怕也不盡然。小說中以虛實交錯與夾雜魔幻的筆法，藉由父女兩人對飲食的記憶和態度的差異，勾勒出兩代間的隔閡。雖然女兒對父親的記憶「都跟食物有關，饅頭、餃子、牛肉餡餅、大滷麵、槓槓頭。可是那些食物都放太久了，冷了，咬都咬不動。」（頁 148）父親魂牽夢縈的家鄉味，對女兒來說，成了「咬都咬不動」的冷硬糧食。少了「鄉愁」作爲發酵劑，食物的滋味終將還原爲乾冷的麵團，失去誘人的魔力。

無獨有偶地，在駱以軍《月球姓氏》一書中，關於食物的書寫也並無感官的愉悅感受，尤有甚者，書中的食物意象，更直接指向死亡與敗壞。小說中的敘述者「我」在父親生前與外遇對象居住的房子裡，收拾打包著「陌生的父親另一個面貌的過往」時，發現了在冰箱中凍結腐壞的一堆食物：

> 那鍋快鍋裡盛著的，像是泡著福馬林的屍塊的，不是父親每次到中山堂對面一條暗巷裡一家骯髒的上海館子，一個凸頭圓臉披條毛巾在項間的老外省跑堂，不用父親開口，就吊著嗓子在菜單上記上：「ㄢˊㄉㄨˇㄒㄧㄢˊ——」嗎？……那一盤像從臭水溝裡用長柄勺掏出來甩在路邊的爛菜渣的，原來是一道荷葉粉蒸雞，父親到館子點這道菜，必佐以總統七十華誕那年的紀念花雕。……我把它們全倒進了大黑色垃圾袋裡。……食物在它們靜止的框格裡偷偷地變化。它們伸出觸角，長出一些絨毛的綠色黴菌。在承受到一個邊界點的時刻，一切皆自暴自棄地崩壞塌陷了。它們發臭、變黑、冒出污水。〔註 109〕

〔註 109〕見駱以軍《月球姓氏》（台北：聯合文學出版社，2000 年 11 月初版），頁 33～34。

父親鍾愛的食物，對子女來說，成為只辨其音而不知其意的「ㄋㄢˊㄈㄨˇㄒ
ㄧㄢˊ」，第一代的家鄉味不再是第二代的認同符碼，而是陌生的符號與記
憶。搭配「總統華誕紀念花雕」的粉蒸雞，更顯得如此不合時宜。而「不合
時宜的父親」（以及他那一輩的人），又何嘗不是如同這些凍結在冰箱中的食
物一般，終將在時間之流裡，逐漸死去、敗壞，然後被遺忘？《月球姓氏》
冷酷又略帶感傷地，藉由食物的「死亡」，揭示了父親那一輩的人，共同的記
憶與命運。

　　由上述的討論，我們看到味覺的記憶與親情、鄉愁、認同間密切而複雜
的關係。「故鄉味」誠然是建立社群集體記憶的方式之一，但對於子女來說，
「地方菜」或許是他們理解、回憶父母的方式，卻不足以構成身分認同的穩
定基礎，以處理認同問題為軸心的家族書寫，試圖從各種細膩之處捕捉認同
焦慮之際，自然也就把觸角伸展至味覺書寫，藉由既熟悉又陌生的故鄉味，
來傳遞這種認同的曖昧。〔註110〕

二、語言與認同

　　語言，在某種程度上來說，其實是一種封閉性的標記，象徵著一個族群
內部溝通的重要符碼。每個人從出生的那一刻起，就開始感受與分辨其所聽
聞的聲音意義，並在這樣的過程中理解某些字詞所代表的意義，之後開始學
習說話、習得語言——母語，並且進入屬於這個族群的世界：

> 這個世界以族群的語言被命名、被描述，孩子從語言中瞭解這個世
> 界的過去與現在，族群則以語彙和腔調呈現自己，編織出過去的故
> 事，唱出或悲或喜的歌謠，歌誦鄉土之美、英雄之偉與神話之力。
> 孩子從語言中學習、吸收、重溫並傳遞整個族群的既有事實。〔註111〕

語言象徵著不同族群理解與詮釋世界的方式，比較不同族群的語言，將會發
現「語言的真正差異並不在於學習一套新的詞彙，也不在於詞彙的構造，而
在於概念的構造。」〔註112〕也就是說，每個族群是以不同的方式來組合其經

〔註110〕以上有關飲食、鄉愁與認同之討論，部分內容為引用並改寫拙作〈試論當代
　　　　台灣家族書寫中的感官記憶〉，《中國學術年刊》第 27 期，2005 年 9 月，頁
　　　　207～211。
〔註111〕見哈羅德·伊薩克（Harold R Isaacs）著，鄧伯宸譯《族群》（台北：立緒文
　　　　化有限公司，2004 年 11 月初版），頁 145。
〔註112〕見恩斯特·卡西勒（Ernst Cassirer）著，于曉等譯《語言與神話》（台北：桂
　　　　冠圖書有限公司，2002 年 6 月初版），頁 134。

驗材料，因此造成不同的理解模式，語言在翻譯時之所以不可能完全表達原義，正是因為不同的語言原本就包含著不同的思想領域。〔註113〕既然如此，不同語言間強烈的差異，是否更加強了族群間的「差異認知」呢？答案似乎是肯定的。十八世紀德國詩人兼哲學家赫德（Johamn Gottfried Herder）就主張：「語言喚醒了族群個別的存在意識，並使這種意識得以持續，同時『藉此把自己與其他的群體區隔開來』」。〔註114〕因此，掌握了某種語言，似乎也就取得了進入該族的通行證。而使用某種語言更同時意味著，就算不是其中的一份子，至少也在某種程度上認同這個族群的文化。反過來說，語言的隔閡不只造成溝通上的困難，缺乏使用「優勢族群語言」的能力，往往亦加深了個體對於族群差異的認知，隨之而來的，則可能是焦慮、無奈、甚至對立的情緒。筆者在本文第二章中，曾以早期記憶的觀點來闡述語言隔閡在個體心理上所造成的挫折與欠缺感，因此本節將試圖以不同的角度 —— 族群、語言與認同之間的關係來加以探討。

　　台灣原本是個多語族的多元社會，以原住民來說，就包括了泰雅、賽夏、布農、鄒、魯凱、排灣、阿美、卑南、雅美，以及平埔族凱達格蘭、噶瑪蘭、道卡斯、拍瀑拉、巴則海、巴布隆、洪安雅、西拉雅等族，雖然同屬南島語族，但彼此間的語言文化仍多有差異；另外鶴佬（Holo）、客家、以及中國來台的各省住民，亦各有其獨立的語言。〔註115〕原本各族群發展自己的文化與母語教育，並不會妨礙到台灣整體性的發展〔註116〕，然而受到台灣這數十年來的歷史與政治環境之影響，許多族群的母語卻面臨被限制甚至消失的危機，人民在使用語言上，更是充滿挫折。台灣被日本政府統治多年，到了殖民統治末期，已有七成民眾通日語，但國民政府來台後，在一年內就全面禁用日語並強力推行官方語言「國語」，不論閩南語〔註117〕或客家話都被視為「方

〔註113〕見恩斯特·卡西勒（Ernst Cassirer）著，于曉等譯《語言與神話》（台北：桂冠圖書有限公司，2002年6月初版），頁134。

〔註114〕見哈羅德·伊薩克（Harold R Isaacs）著，鄧伯宸譯《族群》（台北：立緒文化有限公司，2004年11月初版），頁146。

〔註115〕參見莊萬壽《台灣文化論 —— 主體性之建構》（台北：玉山社出版公司，2003年11月初版），頁120。

〔註116〕同前註，頁51。

〔註117〕如前所述，目前台灣本省族群究竟應稱為「閩南」、「河洛」、「鶴佬」、「本省」仍未有定論，因此他們所使用的語言，究竟應該稱為「台灣話」、「福佬話」、「鶴佬話」、「閩南語」、「台語」或「河洛話」，說法也就不一而足。2003年2月10日教育部國語推行委員會所通過的「語言平等法草案」中，則以「Ho-lo

言」而限制使用〔註 118〕，對於不會說國語的人來說無疑是強烈的衝擊。就如同《海神家族》中只會說閩南語和日語的綾子，只能無奈地說：「未按怎？以後嘸愛講話就好了。」〔註 119〕鍾文音在作品中，亦表達了小三教育程度、只會說閩南語的母親在推行國語的政策施行後，在語言文字上的雙重挫折：

> 好多年來，她也只能看七點那個時段的閩南語歌仔戲節目。國語新聞她一律聽不懂，報紙對她是天書。……我的天可汗脾氣再暴烈，出了城卻一無是處，她只能靠她的臣子。城市的那個天可汗威力高過於她，他只消斷了她的語言她的文字，她就成了一個現代城市裡的廢帝。〔註 120〕

> 五十年來，電視的語言都是只讀小三教育的她所陌生的，她被世界隔離如此久的黑暗心情，我非常理解。〔註 121〕

這樣的遭遇幾乎可說是當時大部分「本省人」的共同處境，因此類似的例子可說比比皆是，葉啓政也曾在其論文中以父親的親身經歷，論述那一輩的「本省人」在大環境變遷時所遭遇的困境，儘管他的父親受過正規學校教育，並在高中畢業後前往日本早稻田大學所屬之專修班進修了一段時期，但是聽不懂普通話和看不懂中文的情況仍使他成為不折不扣的「功能性文盲」。語言上的障礙和隔閡，對他們的國族認同自然也產生了一定的影響，他們對國民黨政權失望，不願接受「中國人」的國族認同，但又不可能自認為是「日本人」，於是他們只好把祖先自閩南帶來的文化，融合日本殖民文化與百餘年來在台灣所發展的生活方式，賦予一種新的定義，這些祖先由中國閩南地區帶來的文化傳統，就成為「台灣的」而非「中國的」了。〔註 122〕

至於在這個階段看似處於語言優勢的「外省人」，因為大部分仍相信國民政府只是「暫時遷台」，因此他們一方面抱持著「過客心態」而不認為有學習當地語言的迫切需要；另一方面則是較少被提及的，其實這些外省人當時也

話（台語）」稱之。由於以上幾種名稱仍廣泛被使用，因此筆者在使用時亦依據引文作者的用語為準。

〔註 118〕參見王甫昌《當代台灣社會的族群想像》（台北：群學出版公司，2003 年 12月初版），頁 66～67、130。

〔註 119〕見陳玉慧《海神家族》（台北：印刻出版公司，2004 年 10 月初版），頁 285。

〔註 120〕見鍾文音《昨日重現》（台北：大田出版公司，2001 年 2 月初版），頁 49～50。

〔註 121〕見鍾文音〈一個台北客的出走計畫〉，《中國時報・人間副刊》，2004 年 5 月 5 日。

〔註 122〕參見葉啓政〈一塊被撕裂的土地——台灣人失落的國族認同迷思〉，收錄於廖炳惠等編《重建想像共同體——國家、族群、敘述》（台北：行政院文建會，2004 年 4 月初版），頁 320。

有可能在學習「國語」──外省人既然來自大陸各省，他們當然也有各省的方言與文化，並不見得原本就會說被定爲國語的北京話，這些中年改學國語的軍人，也難以再分心多學習一種語言。〔註123〕在這樣的情況下，能夠學好閩南語的外省人，可想而知是寥寥可數的。然而，隨著台灣社會與政治環境的變遷，族群間並未因時間推移而「融爲一體」，反倒時受政治與族群運動之動員影響，而出現矛盾對立的情結，於是「不會說閩南語」就漸漸成爲外省族群時感焦慮與困擾的問題。尤其在選舉期間，這些「老芋仔」的外省口音，就常爲他們帶來難堪的處境：

> 後來我父親的台語已經說得非常ㄉㄧ丶ㄅㄉ丶ㄥ了，事實上他已經說得比我要好了。但還是常被人從計程車上趕下來，他一開口人家就認出他來了。他總是納悶著人家是從哪一點認出他是老芋仔？他總是問我：「兒啊，我這不變成爲好好搭一輛車而學台語嗎？他們怎麼就是嗅得出來？」〔註124〕

雖然這樣嚴重的排他情結或許只是在特定的政治氛圍下，由於某種緊張的情勢所產生的特殊現象。〔註125〕但在此有一個值得注意之處，就是「腔調」與「口音」的問題。駱以軍的父親被趕下計程車，並不是因爲不會說台語，而是他的口音洩漏了自己的身分。也就是說，語言在上述情境中所扮演的角色，已經超越了做爲「溝通工具」的意義，而成爲辨識族群身分的方式之一。蕭菊貞（1972～）在《銀簪子》一書中，提到客家籍的母親每每因爲帶著客家腔的台語被辨識出身分而感到尷尬，因此總是吩咐她要學好台語一事，同樣可以看出這種以口音來區分人我的方式：

> 母親是客家人，從小就焦慮地教我要學好台灣話，免得日後出去被人笑，其實，在我印象中她好像不曾叫我要好好學客家話，我想可

〔註123〕參見高格孚（Stephanc Corcuff）《風和日暖》（台北：允晨文化有限公司，2004年1月初版），頁32。文中指出在國民政府戮力推廣「國語推行運動」時，有許多原本只會本地語言的軍人迫而學習國語，但「根據許多受訪者本身的見證，事實上，有不少外省人並不滿意國語推行運動。」

〔註124〕見駱以軍《月球姓氏》（台北：聯合文學出版社，2000年11月初版），頁116。

〔註125〕朱天心亦曾指出：1994年底市長大選時，身邊有不少所謂外省籍的朋友，會提醒長輩不要擅自出門，起碼不要去坐計程車，否則那改不了的口音，可能在半路上就會因政治立場不同被趕下車。此爲文化研究學會、《台灣社會研究季刊》等團體在2001年5月26日所舉辦之第四場文化批判論壇：〈爲什麼大和解不／可能？──省籍問題中的災難與希望〉之討論。見《文化研究月報》電子報第4期，2001年6月15日。

能是因為我們住在高雄仁武，一個百分之九十都是說台語的小鎮。

所以，某些時候，我也可以感覺到母親的不安，在菜市場，在街頭

巷尾，母親只要一說她那滿是客家腔的台語時，總會輕易被人發現，

「你是客家人喔」，滲出一點點的貶意，覷著母親尷尬的笑。〔註126〕

儘管這樣的人我區隔並不見得都是出於敵意，然而無可否認的是，由於語言與族群文化間密不可分的關係，因此許多有關於語言的爭議，也就混雜了文化、族群或政治等各種因素所造成的矛盾。甚至「變成最方便的政治、社會或族群標誌，掩蓋了許多更深層的問題，儼然成為矛盾的癥結，高高踞於其他因素之上。」〔註127〕這是在思考語言與其建構的認同時，不得不注意的問題。

除此之外，透過蕭菊貞母親的例子，我們不難看到語言上的隔閡與挫折，對於弱勢族群而言的雙重剝削，他們一方面必須適應優勢族群主導下的社會，而選擇學習優勢族群的語言；但自身的語言文化卻也就在這樣的過程中慢慢流失，客家族群就是一例。因為人口比例較低，為了適應「主流」，他們多半選擇「隱藏自己的客家身分，而學習使用其他優勢族群的語言，包括文化上優勢的國語、人數上優勢的福佬話。對於子女也強調國語教育的重要性，而較少刻意保存客家的語言與文化。」〔註128〕直到1980年代以後，客家人先是在「本省人」的族群分類想像下，和福佬人結合追求「復甦本土文化」之目標；隨著只以台灣客家人為範圍的「客家想像」之興起，以及感受到反對黨在定義「被壓迫的本土語言」時，仍只偏重「閩南話」，客家話卻沒有受到同等重視等因素共同影響下，1988年12月28日由「客家權益促進會」所舉辦的「還我母語」大遊行，不僅將客家文化運動正式搬上檯面，運動內提出的「建立平等語言政策」等訴求，也深切反映了弱勢族群對於多年來語言文化受到壓迫的不平之鳴。〔註129〕

由上述的討論，我們可以看到語言與社會、文化、政治、族群、認同之間息息相關又相互影響的關係，語言是個人與他者、與世界之間的聯繫，其

〔註126〕見蕭菊貞《銀簪子——終究，我得回頭看見自己》（台北：時報文化出版公司，2001年9月初版），頁146。

〔註127〕見哈羅德・伊薩克（Harold R Isaacs）著，鄧伯宸譯《族群》（台北：立緒文化有限公司，2004年11月初版），頁153。

〔註128〕見王甫昌《當代台灣社會的族群想像》（台北：群學出版公司，2003年12月初版），頁131。

〔註129〕以上有關客家文化運動之發展，係參考前註所引書，頁133～138。

重要性自然不言可喻，但它絕不是影響認同的唯一因素，語言的隔閡甚至也不盡然就絕對會造成衝突或矛盾的產生。就像《海神家族》中不會說中文的外國女婿明夏，反倒因爲「阿凸仔」的身分讓很少和母親說話的敘述者，必須因爲擔任翻譯者的角色，而增加了母女間溝通的機會。〔註 130〕語言的隔閡在此卻成爲開啓另一種溝通形式的契機。因此，語言所象徵的意義其實誠如哈羅德・伊薩克（Harold R Isaacs）所言：「每個人如何看這個世界，語言都居於關鍵；但是，語言既形塑所見，也被所見形塑。在個人形成基本群體認同上，語言是不可或缺的要項，但……它只是一系列要項之一。」〔註 131〕反觀台灣社會近年來在語言這個議題上的討論，由於時常與族群、政治問題糾葛在一起，往往成爲意識形態之爭，而模糊了問題本身的焦點。以語言平等法草案爭議爲例，許多人的批判和爭論均集中在此法是否「試圖拉下『國語』的位階，是『福佬沙文主義』的反射動作」〔註 132〕，而非針對法案內容的具體修正。然而事實上，每個族群的語言，都代表著它們觀看與詮釋世界的方式，具有獨特的文化價值，需要被同等地尊重。保存那些消失中的語言文化，亦屬刻不容緩的工作。這些家族書寫的作品，透過父母親的親身經歷，不僅讓我們看到在語言的隔閡下，屬於他們那個世代的掙扎、困頓之記憶，更提醒了我們，如果語言只被當成政治或族群對立的工具，對於個人和社會都將是難以彌補的損失與傷害。

三、宗教與認同

在構成基本群體認同的眾多要素中，宗教信仰恐怕是其中作用最爲複雜、力量最爲強大的要項之一。就心理的層面而言，宗教可以令人得到心靈的慰藉與身心安頓的力量，藉由宗教，人們爲生命中無法用道理來解釋的苦痛與死亡的恐懼，找到某種答案與繼續生活的理由。如齊克果（Kierkegaard）所主張的，「所有宗教思想，特別是基督教思想，其最深刻的根源都存在於我們的焦慮不安的情緒中。」〔註 133〕而如果進一步思考，可以發現人們在宗教

〔註 130〕 參見陳玉慧《海神家族》（台北：印刻出版公司，2004 年 10 月初版），頁 145、305。

〔註 131〕 見哈羅德・伊薩克（Harold R Isaacs）著，鄧伯宸譯《族群》（台北：立緒文化有限公司，2004 年 11 月初版），頁 153。

〔註 132〕 見高譜鎮〈被「撕裂」的國家：台灣認同問題的理論反思〉，《教育社會學通訊》第 53 期，2004 年 5 月，頁 24。

〔註 133〕 參見恩斯特・卡西勒（Ernst Cassirer）著，于曉等譯《語言與神話》（台北：

中所找到的，與其說「是內心的平安，不如說找到的是外在的連繫，是一種歸屬感，是一種與自己想法相同的人分享而得到的喜悅。」〔註134〕反過來說，任何能夠形成凝聚力與歸屬感的群體認同，相對而言也就區分了人我之別，它「既能把個人與群體結成一體，卻又置人類群體於相互敵對之中」。〔註135〕而宗教在這方面所能形成的殺傷力之大，恐怕也是其他影響認同的因素所難以企及。回顧中外歷史上無數因宗教而發生的大規模流血事件，就會發現宗教的面貌是如此令人感到矛盾：它是引人向善的力量，象徵著美善、愛與信任，能夠撫慰人們痛苦不安的心靈；但另一方面，它又是無上的權威、不容質疑的真理，往往具有強烈的排他性，無數的對立衝突甚至屠殺也就因信仰的不同而產生。再加上宗教又常與政治、種族、土地、民族、歷史等因素相互夾纏，使問題益形複雜，以致「綜觀充斥於當代的族群認同衝突，宗教都插上一腳，只是程度上有所差別而已。」〔註136〕

　　不過，儘管宗教與認同之間的關係如此緊密，但台灣卻可說是一個宗教信仰多元化的社會，相較於族群、語言、政治等認同所引起的對立矛盾，在台灣因信仰不同宗教而引發衝突的情況相形之下要少得多，這是一個有趣的現象。其主要的原因可能在於「台灣民眾的信仰認同和西方主流的基督宗教信仰或東方的回教信仰有一個根本的差異，亦即信仰的界限或界定比較模糊。」〔註137〕因此，對於「你有沒有宗教信仰？」或「你有沒有信教？」以及「你信什麼教？」等問題的理解，亦顯得歧義而模糊。不同的行動者對這些問題往往有不同的認知和判斷標準，有趣的是，也有不少人同時接納屬於不同信仰體系的觀念和認知。這種信仰的揉合又以佛教、道教和一般民間信仰之間的連結特別明顯，這三種類別的宗教信仰之間的交融，自有其長久發展的歷史脈絡。我們可以由結構功能論的兩個觀點來解析這種信仰之間揉合的可能意涵，第一個觀點是不同宗教體系間在功能上的互補，第二個觀點則是不同宗教體系在功能分工上的整合。從功能的互補觀點來看，傳統中國社

桂冠圖書有限公司，2002年6月初版），頁127。

〔註134〕見哈羅德‧伊薩克（Harold R Isaacs）著，鄧伯宸譯《族群》（台北：立緒文化有限公司，2004年11月初版），頁246。

〔註135〕同前註，頁221。

〔註136〕同註134，頁216。

〔註137〕見陳家倫〈台灣宗教行動圖像的初步建構〉，收錄於《宗教與社會變遷：第三期第五次台灣社會變遷基本調查之研究分析研討會》會議論文（台北：中央研究院社會學研究所主辦，2001年3月23日～24日），頁3。

會的制度宗教與擴散性宗教之間原本就存在著相互依賴的關係。擴散宗教的
神話或神學的概念發展，仰賴制度宗教提供其有關神祇、精靈和其他崇拜的
象徵與儀式，因此佛教和道教的神學、神祇、儀式和教士往往被應用於各種
不同形式的擴散宗教中，如祖先崇拜、地方神祇的崇拜等；另一方面，制度
宗教則依靠提供世俗機構這類的服務以維持其存在和發展。第二個觀點則是
強調主宰民間宗教生活意識的是崇拜的道德與巫術的功能，而不是宗教信仰
之間界限的劃分。宗教認同在功能性的宗教觀中被降爲次要的地位。雖然學
者們有興趣於區分何種崇拜屬於何種信仰，但是對於一般民眾而言，他們幾
乎不會去思考這個問題，而只關切崇拜的基本功能的意義，民間宗教傳統的
功利取向涉及的是崇拜之間的分工，因此人們在日常生活中遇到各種類型的
問題，往往就會求助於屬於特定信仰體系的解決方式。〔註138〕

　　由此我們可以發現，在宗教之間的界限模糊，以及民眾「功能性的宗教
觀」等因素影響下，台灣社會基本上在宗教認同的選擇可說是相當自由與多
元的。不過在家族書寫的作品中，與宗教認同相關的寫作並不算多。〔註139〕
這或許正是因爲信仰的多元與包容性，使得在這方面因感受到強烈的認同
感，而想要以文學形式來表達認同信念、認同危機或焦慮的情況自然也較少。
因此在目前可見的相關文本中，對宗教的書寫亦非爲了傳達強烈的宗教理

〔註138〕 本段係整理並引用自陳家倫〈台灣宗教行動圖像的初步建構〉，收錄於《宗教
　　　　　與社會變遷：第三期第五次台灣社會變遷基本調查之研究分析研討會》會議論
　　　　　文（台北：中央研究院社會學研究所主辦，2001 年 3 月 23 日～24 日），頁 3。
〔註139〕 若論家族書寫與宗教信仰之結合，代表作當屬朱西甯之《華太平家傳》，此書
　　　　　詳細記述了基督入華之歷史，「基督文明進入中文說部，《家傳》不是第一遭，
　　　　　但以敘述幅度之廣與經營之深而言，本書稱最。」（見李奭學〈千年一嘆 ──
　　　　　評朱西甯著《華太平家傳》〉，收錄於氏著《書話台灣》（台北：九歌出版社，
　　　　　2004 年 5 月初版），頁 163。）關於《華太平家傳》之宗教書寫與意涵，可參
　　　　　見黃錦樹〈身世、背景，與斯文 ──《華太平家傳與中國現代性》〉，收錄於
　　　　　行政院文建會編《紀念朱西甯先生文學研討會論文集》（台北：行政院文化建
　　　　　設委員會，2003 年 5 月初版），頁 95～124。另一方面，不僅是家族書寫此一
　　　　　文類與宗教認同相關的書寫不多，台灣目前在宗教文學此一範疇亦仍有許多
　　　　　發展的空間，如林淑媛所指出的，雖然受到八○年代以來佛教興盛之影響，
　　　　　有不少結合禪機與佛理的大眾文學作品出現，也有一些具宗教信仰的作家進
　　　　　行相關創作，但宗教文學之典範性尚未建立，相關研究成果亦不豐碩，仍待
　　　　　有心者投入此一領域之創作與研究。參見林淑媛〈蓮華步步生〉，收錄於康來
　　　　　新、林淑媛編《臺灣宗教文選》（台北：二魚文化有限公司，2005 年 5 月初
　　　　　版），頁 11～14。

念，而多半傾向於以民間信仰做爲一種有關身世命運之發想，抑或歷史文化的隱喻。前者如鍾文音的《昨日重現》，後者則以陳玉慧的《海神家族》爲代表。鍾文音在《昨日重現》中提到不少民間信仰與儀式之進行，而透過這些習俗或儀式，鍾文音最終仍不免回歸到與己身密切相關的人事之思索，例如她對「胎神」的想像，連結著她對母子在未見面前以臍帶相繫的遐想〔註140〕；掃墓祭拜過後就著視野悠遠的大地沉思，更讓她耽溺於極目無際的荒原，感受著識或不識的族人，有如立於曠野上的荒原之樹，靜候著她的文筆，將他們的生命化爲篇章（參見頁 166～167）。除此之外，信仰亦可作爲一種理解家人性格之線索：看管小廟的父親一生胸無大志、隨遇而安，看管小廟時他也總是蹺著腿喝著酒，祖父堪輿風水的本領他不曾繼承，也從未因此開始求神拜佛（參見頁 131）；母親的信仰態度則充滿其個人「風格」：「母親是台語所說的『鐵齒』之人，所以不是那種四處亂拜的人，有拜有答，有求有應，她才會繼續。」（頁91）只不過向來務實的母親，每次到北港朝天宮刈香，衣服在眾香雲集下燒出一個個小洞時，卻不曾因此心疼，反倒認爲這是「媽祖臨幸，有保佑囉。」凸顯其信仰之虔誠。〔註141〕而媽祖信仰對台灣人民的意義，在陳玉慧的《海神家族》一書中，更發揮得淋漓盡致。

《海神家族》一書以海神媽祖的隱喻，以及千里眼和順風耳兩尊神像的下落，做爲貫串全書的重要線索，可說將宗教信仰與認同之間的關係充分展現。雖然本書誠如陳芳明所言，「並不是一部關於媽祖的小說，當然也是與神毫不相干。媽祖是一個隱喻，暗示了台灣的歷史是渡海的歷史，一部移民與殖民的恩怨情仇史。」〔註142〕但不論是書中穿插的有關宗教信仰、祭祀方面的儀式，或是小說人物在生命旅程中對信仰的取捨，都一定程度地反映出媽祖信仰在台灣宗教文化與個人心理認同上的意義。

媽祖信仰，大概可說是台灣最普遍的民間信仰之一，全台各地的媽祖廟至少有數百座，擁有廣大的民間信眾。媽祖信仰係起自南宋年間，相傳媽祖

〔註140〕見鍾文音《昨日重現》（台北：大田出版公司，2001 年 2 月初版），頁 77。本小節中再度引用此書時僅註明頁碼，不另加註腳。

〔註141〕見鍾文音〈荒蕪裡的光：紅橋下的布袋戲、書院莊園與媽祖婆〉，《聯合文學》第 234 期，2004 年 4 月初版，頁 146。

〔註142〕見陳芳明〈從父祖之國到媽祖之土──初讀陳玉慧《海神家族》〉，收錄於氏著《孤夜獨書》（台北：麥田出版，城邦文化有限公司發行，2005 年 9 月初版），頁 94。

爲福建湄洲人，生於西元 960 年，因自出生至彌月均未哭泣，故名爲默娘。因諳水性以救助海上人家聞名，羽化後經常顯靈爲航海人指引方向，故被漁民尊爲航海之神，奉爲「媽祖」。〔註143〕至於台灣的媽祖信仰，約可追溯到十六世紀下半葉，由於渡台者增加，幾乎所有船隻均會供奉媽祖牌位，到了清代時海神媽祖的信仰更逐漸普及與本土化，成爲台灣人全方位的守護神。〔註144〕陳玉慧之所以採用媽祖信仰作爲小說中重要的象徵與隱喻，與媽祖信仰本身的特殊性──移民的象徵，以及在台灣的普遍性均有密切的關係：

> 我覺得在我成長的過程中，我是親身理解到媽祖是台灣最普遍信仰的神祇。……祂對整個台灣的象徵意義蠻強的。當初閩南地區的人搭船渡海來的時候，就帶著一尊媽祖，因爲希望媽祖在旅途上保護他們，所以媽祖基本上是移民史裡最重要的一個神祇。……媽祖在這個層次上，我覺得對台灣來講是一個移民史的象徵。……小說中又穿插很多宗教信仰，是因爲其實台灣的民間宗教信仰是很虔誠的，是台灣本土化的一個主體，……我想這個宗教信仰已經蠻深入在台灣文化裡頭，所以當我要寫一個比較牽涉國族架構的小說的時候，我會把這個東西放進去，還有因爲海神是女神，這些當然對一個寫作者來講都形成一種意義。〔註145〕

　　除了以文化、社會的角度來思考海神媽祖的意義之外，陳玉慧也提到以宗教信仰與海神來做爲小說背景，與她本身對神的理解與想法亦有一定的關係，從疑神而問神，小說是她和神的對話，也是一個精神上的遊牧者「尋找神的腳步」的歷程。〔註146〕小說敘述者多年前帶著被父親扔到垃圾桶的兩尊神像：千里眼和順風耳離家，帶著他們四處遷移，但是她一開始並沒有特別的感覺，「只是像雕像把祂們放在那裡」〔註147〕，讓他們多年來默默看著她求學、工作、與不同的人交往、以及滿腹心事地在房裡踱步或自言自語。直到有一天，一個男人問她：「這兩個傢伙是誰？」（頁 6）她試圖向他訴說神像與

〔註143〕 參見王美文《閱讀台北天后宮》（台北：台北市天后宮管理委員會，2005 年 6 月初版），頁 35。

〔註144〕 參見莊萬壽《台灣文化論──主體性之建構》（台北：玉山社出版公司，2003 年 11 月初版），頁 79～80。

〔註145〕 見附錄三、陳玉慧訪談紀錄，頁 315。

〔註146〕 參見附錄三、陳玉慧訪談紀錄，頁 316。

〔註147〕 見陳玉慧《海神家族》（台北：印刻出版公司，2004 年 10 月初版），頁 274。本小節中再度引用此書時僅註明頁碼，不另附註腳。

家族的故事，也因此開啓了她與神像的返鄉之旅。另一方面，留在家中的媽祖雕像，多年來則垂視著這個家庭「成員的消長和分離，感情的毀滅和重生。」（頁313）《海神家族》因此可說是一部人與人、人與神遇合聚散的故事。

在這部小說中，我們看到「海神家族」的成員依著不同的際遇和人生態度決定對神的取捨，媽祖和她的部將則寬容地面對這一切。林正男的寡母篤信媽祖，因此對於林正男決定在台中神社舉行婚禮，她一度抗議：「那裡奉祀日本神明，我只信媽祖，你要我怎麼去？」（頁34）年少時的綾子相信女神，她總認爲當初父親出海時就是因爲不知祭拜姐妹神才遭到厄運，但在戰爭時她仍認爲自己依日本習俗在街頭向人懇求於布上縫下針線，代表多人祝福的「千人針」，比婆婆託她到媽祖廟求來的紅布綾更能保佑丈夫平安（參見頁37～38）。直到多年後，一方面是受婆婆的影響，一方面也爲了丈夫，她開始信仰並祭拜媽祖，而這也同時象徵著她眞正接納了這塊土地的文化——「她打算與他們過一樣的生活，也願意像他們那樣活著。」（頁40）到後來，她更把人生中一切的苦難與無解的困惑交託給媽祖，正如同她在丈夫失蹤後，面對女兒詢問「父親呢？」時的回答：「現在只能問媽祖娘了」（頁173）；而曾經批判過台灣人的宗教迷信，認爲「宗教就像鴉片」（頁112）的秩男，卻因緣際會地成了神像的雕刻者，在流亡山中的那一個月，雕刻媽祖、千里眼、順風耳和綾子的雕像，讓他得以度過那段孤單不安的日子。但在他日後的生命中，他仍不時懷疑：「像他這種逃亡的人，過去一向是無神論的人，像他這種不負家庭責任的人，甚至連累自己兄長的人，還有甚至愛上他兄長的妻子的人，有什麼神會保佑他嗎？」（頁118）另一方面，靜子離家時帶走了千里眼與順風耳兩尊神像，但在監獄裡受洗的丈夫二馬回家後，卻因「不可拜偶像」的理由將她的神明壇拆毀，信仰被質疑的靜子對丈夫的行爲不以爲然，卻只默默地將神像燭台收進箱子，改爲初一十五去廟裡祭拜（頁195）。至於後來箱中的神像被丈夫發現後丟棄，又被女兒悄悄拾起的這一切經過，多年來她似乎不知道也不曾試圖追究。因此，她自然也不知道神像的遺失，一直是妹妹心如的心結之一（參見頁273），而丈夫更是在年邁後，後悔著當初不該把她的神像丟掉（參見頁314）。直到離家多年的女兒帶著兩尊神像返鄉，這個沒有家的女兒回到台灣結婚，終於有了一個家；而一對多年不說話的姐妹——靜子與心如，也在女婿明夏的牽線下終於和解；媽祖和她的「保鏢」們，則在婚禮上見證了這場家族的團聚。

小說中的成員，各自在他們的人生旅程中，和神進行了程度各異的「對話」，也因此呈現了人與神（或神像）的幾種關係：綾子因生命困苦而產生虔誠信仰；秩男透過雕刻神像重新思索宗教與人的關係；二馬丟棄神像來表達他對基督教義的信奉；對心如來說，媽祖神像不僅是她膜拜敬奉的神明，也寄託了她對父親秩男的愛與崇拜；而年輕時就急著離家，卻又不約而同地帶走神像的靜子和敘述者「我」，則不知不覺地藉由神像保持了與家的牽繫。每個人的選擇，都或多或少地反映了他們如何面對與看待生命中的苦痛、分離、不安與徬徨，宗教可以是尋找心靈寄託的一個選擇，但卻不是唯一的選擇。而不論信仰或質疑，媽祖總是寬容地看著這一切，低眉不語。藉由媽祖信仰的貫串，陳玉慧不僅體現了海神文化對於台灣社會的影響，更重要的是，「海神媽祖就像很多陰性神，低眉垂目，她們卻看到一個又一個的人生，因爲海神在那裡，所以，視角變寬，也或許自然就有了所謂悲憫之心。」〔註148〕而悲憫之心，也正是這部小說想要傳達的重要精神之一。若能以悲憫之心回望，或許生命與歷史的傷口，才有痊癒的可能。

小　結

本章分別從歷史、族群、文化等相關面向之思考，探討家族書寫中的國族認同。如果將本文所探討的五部作品中提及的歷史事件加以比較，可發現同樣一段歷史，在這些家族書寫的文本中，或者相互重現，或者成爲對比。也因此讓我們得以進一步思考，在同樣的時空下，個體是如何因其隸屬於不同的族群身分，而產生不同的集體記憶與心創（trauma）。這些心創事件的見證者或者以不斷地重複述說來「重回現場」，試圖捕捉與理解那個當時「來不及準備」的災難；或者選擇沉默以對，做爲忘卻痛苦的方式。不論那一種形式，都體現了見證的本質。但另一方面每個人雖然都以自己的命運和際遇見證了歷史，這些見證仍無可避免地因觀看角度之不同而有所偏狹，見證的書寫自然也因此無可避免地有其局限。但也正因如此，我們才需要更多隸屬不同族群身分的見證者，藉由不同記憶的衝撞與摩擦，共同來拼湊歷史的「可能面貌」。

由歷史記憶的書寫，可以看出族群身分往往或多或少地決定了書寫者如

〔註148〕見黃文儀〈三個陳玉慧〉，《誠品好讀》51期，2005年2月出版，頁73。

何觀看與敘說屬於特定族群的歷史記憶，但這樣的集體記憶，其實乃是透過族群想像與建構而來。另一方面，族群在個體建立身分認同與歸屬感時，固然具有相當程度的意義，卻不是絕對的指標，因此類似的身世背景，並不見得就會帶來同樣的族群認同。至於以「政治共同體的認同」為討論範圍的國族認同，若將文本中敘述對象的認同、敘述者的認同、以及作者本身的認同這三者分別觀之，將可發現三者間並非完全劃上等號。其中以外省父親身世為主的幾部作品，呈現出國族認同可能是一個非常困難與矛盾的選擇，而陳玉慧和鍾文音等幾位作家本身的認同，則強調了以宏觀的視角與包容的態度來看待國族認同的問題之重要性。

另外，有關家族書寫中的文化認同，筆者則由飲食、語言、宗教三個子題加以探討。由家族書寫中有關味覺記憶的描述，可以看出飲食、親情、鄉愁與認同間密切而複雜的關係；至於語言既象徵著不同族群理解與詮釋世界的方式，語言與認同之間的關係，往往也就與族群認同密切相關。而這些家族書寫的作品，則透過父母親的親身經歷，讓我們看到過去台灣社會在語言的限制與隔閡下，屬於他們那個世代的掙扎、困頓之記憶；鍾文音與陳玉慧有關宗教的書寫，則或以民間信仰做為一種有關身世命運之發想，抑或做為歷史文化的隱喻。其中《海神家族》一書，更深刻地反映出媽祖信仰在台灣宗教文化與個人心理認同上的意義。